ハニオ日記

Ⅲ

2019-2021

やはり日々は続くのであります。
何があっても続くのであります。
いろんなことがあるけれど日々は
やっぱりなんでもないことの積み重ねで
できている。
踏み締めて噛み締めていくしかない。
今日も良い日でありますように。

2019/9/14 ハ

おかーさんは、言った
ねこになりたい、と。
はにぼうはいいなぁ
一日中ねててもほめられて
はにぼうはいいなぁ
しゅくだいもないし
ずっとおふとんのなか。
ねこはいいなぁ、
うまれかわったら
ぜったい
すてきなひとの飼い猫に
なりたいなぁ、と。
おかーさんは
ぜんぜんわかってない。
ぼくはおふとんのなかで
いろんなことを考えている

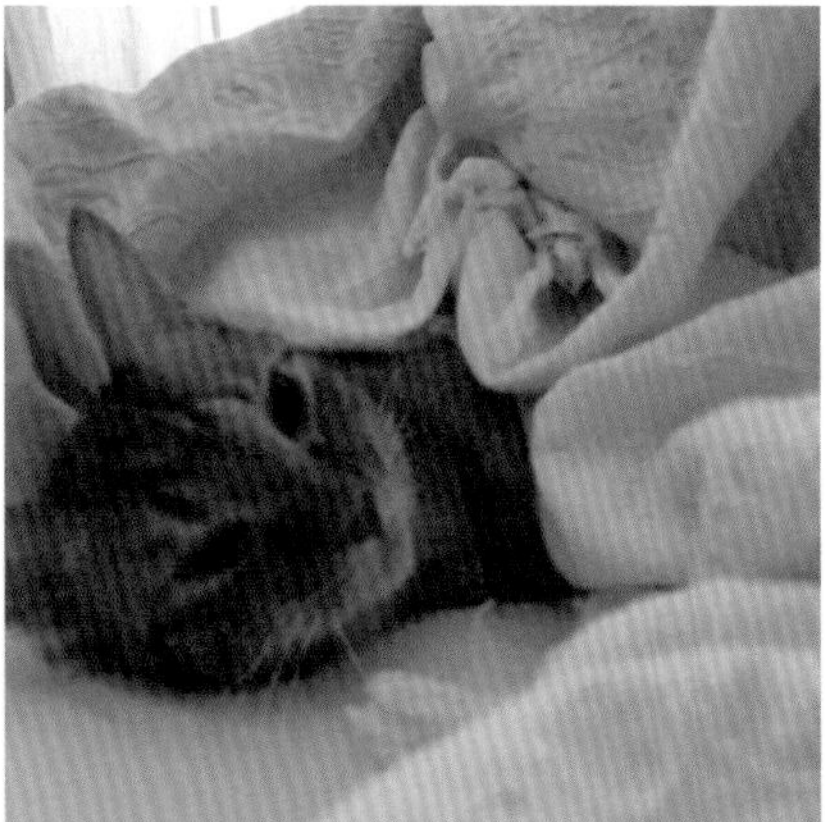

2019/9/15 ハ

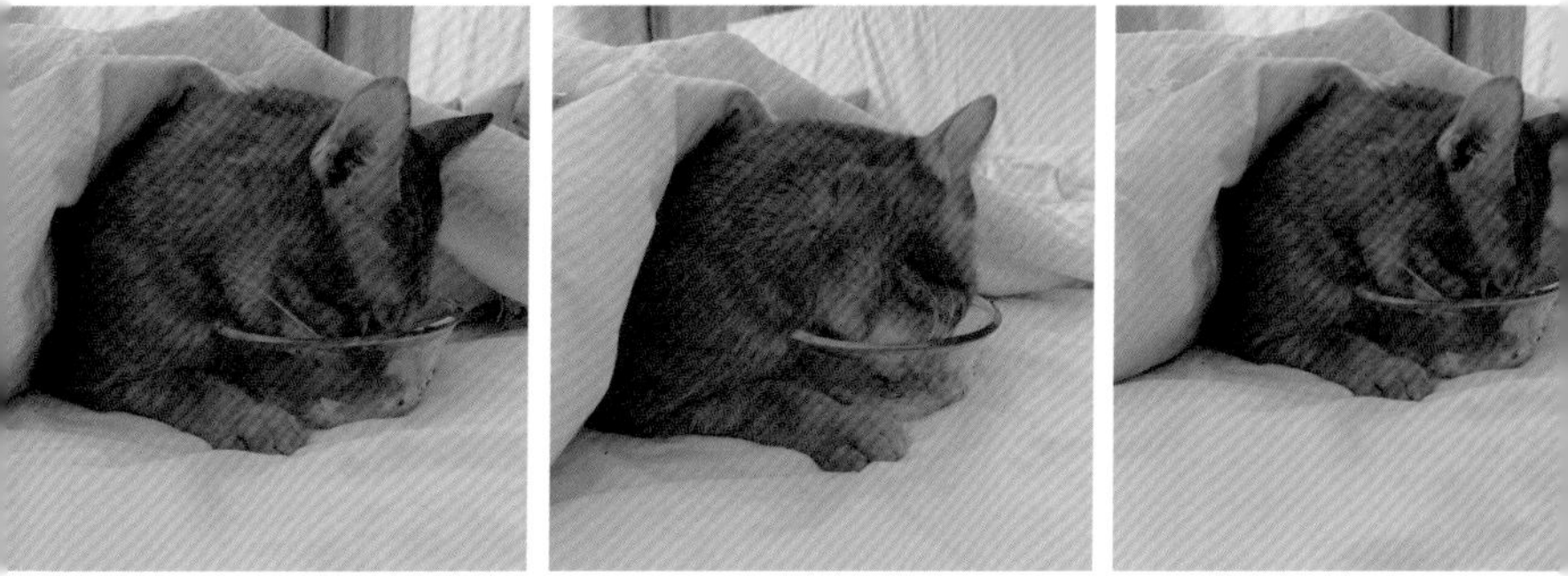

とくべつあつかい。

ずっとおふとんのなかにいて
ごはんのときも
でていかなかった。
そんなきぶんのときも
生きていたらあるのよね
おかーさんが
特別あつかいをして
ごはんをはこんできた。
たびちゃんには、
すこしうらやましがられています

おかーさん
ゆきちゃんが
怖い夢をみたみたいなんだけど。
あさ
ぼくにむかって
ひんひん泣いてたんだけど。
おかーさん
ぐうすかねてたから
しらないとおもうけど
ゆきちゃんのはなし
きいてあげてよね
あと
ぼくのライオンのぼうし
ないんだけど

2019/9/18 ハ

え？
もういっかいいってくれる？
ライオンのぼうし
すてたの？
ぼろぼろになったから？
ぼくになにもいわずに
すてたの？
そういうのって
いけないことだとおもうのよ。
ちゅーるさぎも
ひんぱんだし
最近おかーさんて
だらくしてるよね
え？
ほかのものもすてたの？
なにを？

最近よく思うこと。
自分のことは
自分で鍛えるしかないんですよね。
怠けたい気持ちもたくさんあるし
ずっと眠っていたいくらい
疲れる日が続くときもあるけど
自分の心の声を
ちゃんと聞いてあげて
自分と向き合うことから
逃げなければ
かならず道は開けるのです。

若い皆さん
どうか
自分自身から逃げないでください。
偉そうですみません。
でもほんとに
そんな風に思うことが
最近多いのです。
今日は
「凪のお暇《いとま》」最終回だ。
大好きなドラマ。

まほうのじゅうたんのおうちに
きています。
ここはもう、ほとんど
ぼくのうち。
ぼくたちのすてきなお部屋に
あんないされて
素敵にすごしています。
おかーさんなんて
なにしてるか
しったこっちゃないんです。
ぼくはこの家で
かっこよくすごしています

2019/10/1 ハ

おかーさんは
むかえにこない
ぼくよりすきなこを
みつけたのだろうか
ぼくだって
はちみついろだし
はなはピンクだし
みみのなかもいつもきれいだし
目はすてきな えめらるどぐりーんだ。
だからだいじょうぶ
すてきなじゅうたんと
かっこいいおやつがある
このおうちで
ぼくはかっこよく
そとをみている

2019/10/2 ハ

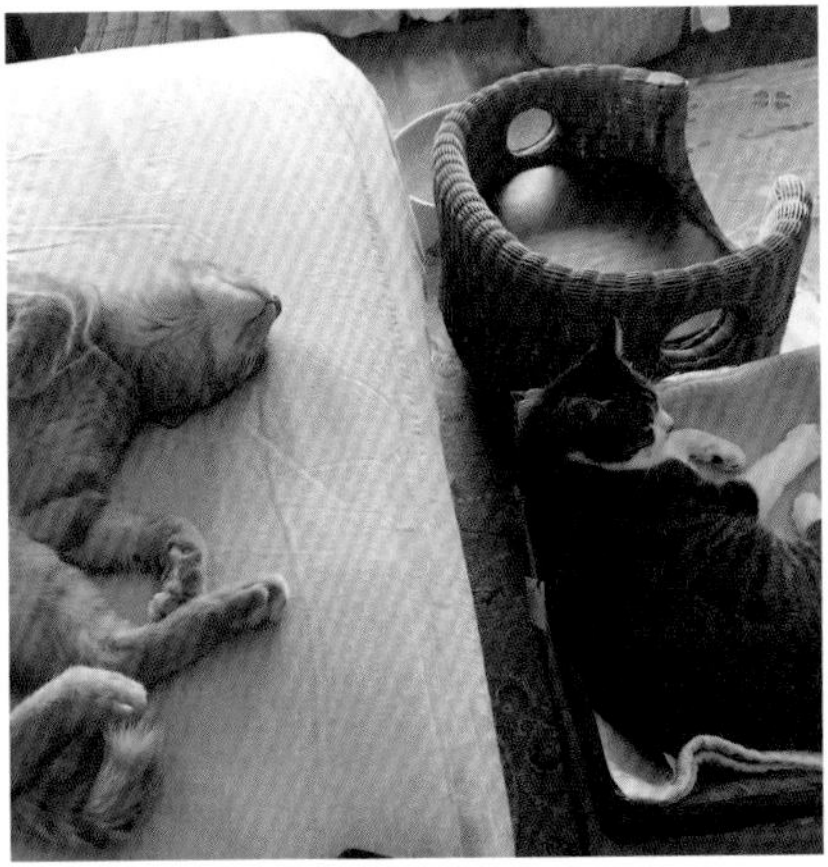

てれぱしーを
つかって
おかーさんと交信しています。
おかーさんから聞こえてくるのは
ひとびとのざわめき
石畳のみち
くろっくまだむ
おかーさんは
あんきゃふぇしるぶぷれ
と
いっている
はにぼう
いいこにしてまってってね
と
いっている

パリでの日々。楽しの日々。

2019/10/2 ユ

Dior

いつかパリに
住みたい。
住んでみたい。

Thibaut Garcia のギターの音色は本当に美しい

2019/10/2 ユ

マルジェラの
タビシリーズ
大好き
なのです。

2019/10/3 ユ
リュフのリゾット
M H T
MAISON
TRUFFE

アスティエ・ド・ヴィラットのお
どうしても長居してしまいます。。。

2019/10/3 ユ

誕生日をむかえ、またひとつ大人になりました!!
とある撮影でParisにいます。
昨年の10月も、ここパリで
映画の撮影をしていました。
そしていま、
この大きな節目に、また
大好きなパリにいられることを
心から幸せに思います。
いつもいつもありがとう。
わたしを見守ってくれて
応援してくれて
本当にありがとうございます。
軽やかに健やかに
頑張ります!!

2019/10/7 ハ

ぱりから
あたらしいこが来ています
らいおんの子です。
まだ眠そうだし
ひとみしりも激しいので
目をあわせないようにしています。
あんしんしてきたら
みずのみばを
ぼくが教えます

2019/10/13 ハ

きのうは
おかーさんが
おうちにずっといた。
テレビをずっとみていて、
うわー、とか
こわい、とか
えっ、とか
言っていた。
ぼくのおもちゃも
かっこいいおやつも無事でした
また
なんでもない毎日が
はじまります。
こころのなかで
かんしゃしています

※台風19号のあくる日

2019/10/28 ハ

おかーさんが
ごはんをちゃんと食べなさいという
ぼくは
ぼくのすきなごはんが食べたい。
すてきなおやつとか
とくべつなちゅーる、
ささみがたべたい。
かりかりは
あんまりすきじゃないって
前から言ってるのに。
反省してほしいです

2019/10/31 夕

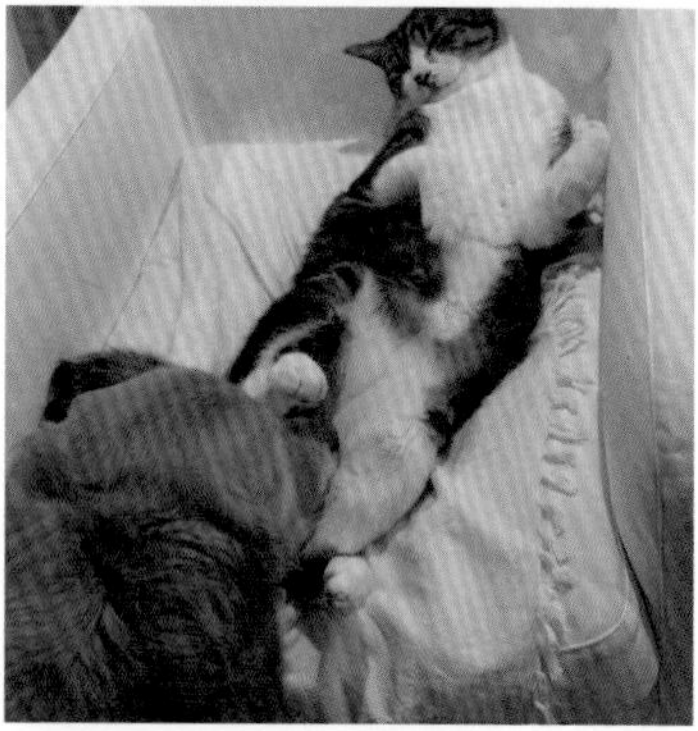

ゆきちゃんは
しつこい。
寝てるのに
あそぼうあそぼうと
誘ってくる。
はにちゃんを
誘ったらいいのに。
もういっかい誘われたら
遊んであげなくちゃいけない。
ぼくは
長男だから。

2019/11/1 ハ

しょにち。
おごそかに
ひそやかに
おかーさんのえいがは
初日をむかえた。
しょにちおめでとうございます。
そういうふうに
あいさつするらしい。
ぼくのあたらしい
おやつも
しょにちをむかえた。
しょにち
おめでとうございます

2019/11/3 ユ

なにが気に入らなかったのか
わからないのですが
さっきからまた
ここに家出しているハニオ。
こういうとき
わかっていても
ハニ坊
どこいったの〜！と
涙声で探さないと
降りてきません。

ぼくは待っている
ほめられるのを、まっている
このまえ
ここにいたら
ほめられた
すごくほめられた。
だからまたここで
おかーさんがくるのを
待っている

「猫のいる風景」
とでも呼びたい写真。
猫と暮らして
一体何年経ったのか。
高校生くらいから
我が家にはずっと猫がいるから
ざっと30年は猫と暮らしていることになります。
穏やかに優しく、人間の暮らしに寄り添ってくれる
猫という世にも美しい生き物と
わたしは一生一緒に生きていきたい。
(もちろん犬もです!)

しゃぼんランプ。オカベマキコさんの作品

ぼくとしゃぼんランプ。
ぼくにピントがあってるのと
しゃぼんランプに
ピントがあってるの
どっちがすきですか。
いまは朝ごはんまちです

2019/11/16 ハ

おかーさんが
ぼくに
ちゅーるを買ってくるのを
わすれてるのを
わすれている。
ちゅーるさぎは
昨日もおとといも、はたらいた。
念力をおくって
思い出させようという
さくせん

おかーさんに
むりやり持ち上げられて
かたに乗せられた。
ときどきは
記念撮影しないと と
おかーさんは言う。
うちのおかーさんは
いつもこんなふうだから
だれかちゅういしてください

2019/11/23 ユ

猫多すぎ問題
スリッパ多すぎ問題
籠の取り合い問題。

2019/11/25 ユ

昨日の夜の
はっち坊や。
沢山の来客にも自己アピールを忘れない社交性。
ぜんたいに堅太り系の
はっち選手
魅惑の「ゴロンと大きい手足」かなりすきです。

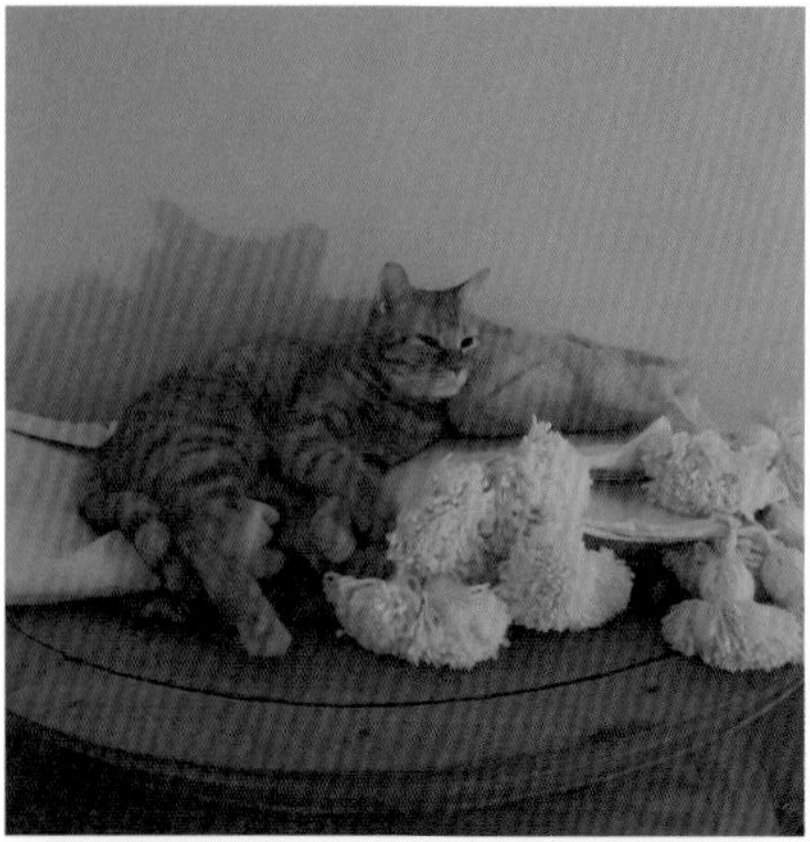

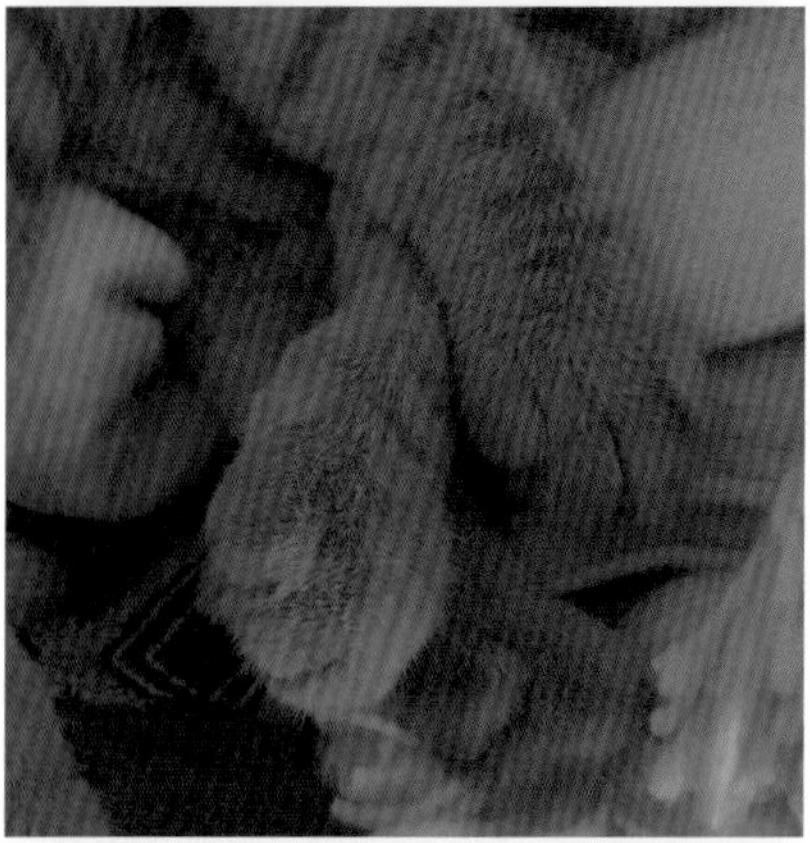

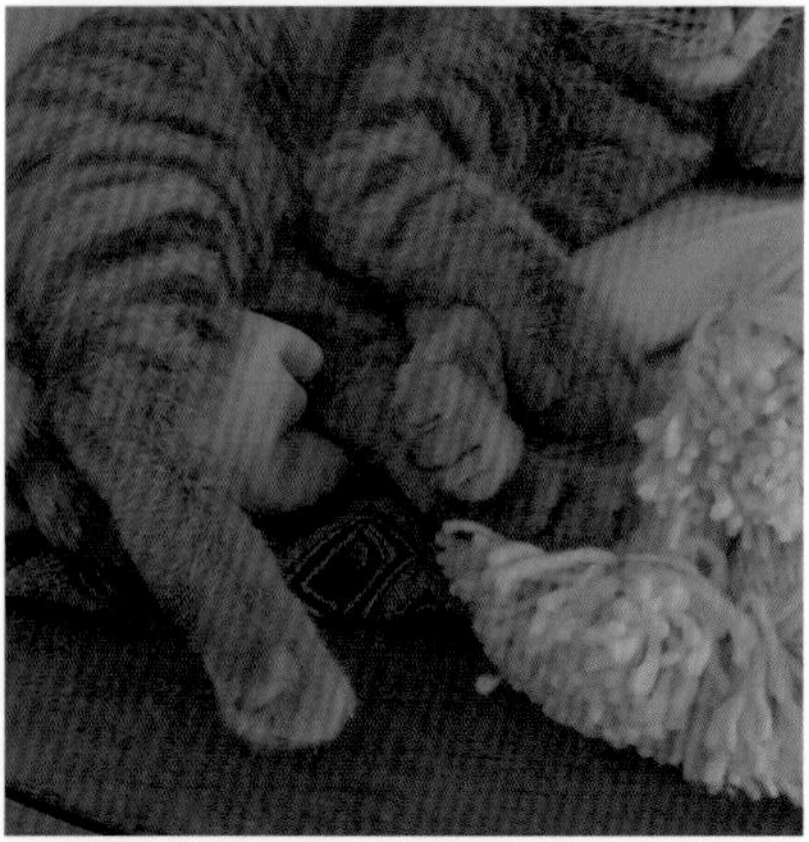

2019/11/26 ユ

はっちのあくびを
激写。
はっち、マズルが丸い。

田中健太郎さんの個展「奇縁」に、やっと行けた。
葉山のBook shop Kasperにて。
田中健太郎さんの絵は
いつもわたしの胸を打つ。
健太郎さんの中にはきっと
エネルギーのかたまりの永遠の少年が
住んでいるに違いないと
いつも思う。
この象さんの絵が好きで
じっと見る。
いろんな角度から見る。
ひたすら見る。見て感じる。

2019/11/30 ユ

奇跡的に
同時に四匹写った写真
みっつ坊や…
惜しい。
みっつ坊やは
カーテンの中でした。

2019/12/5 ユ

アイコン変えました！
イラストレーターの関根正悟さん
ありがとうございます‼
深夜のハニオかたぐるま。

2019 winter

ヒグチユウコさんの個展にて

2019/12/15 ユ

お天気のよい日は
それだけで幸せな気持ちになる。
やらなくてはいけないことはいつも山のように
あるのだけど
ひとつずつ丁寧に解きほぐして行きたい。
嘘なく。ていねいに。

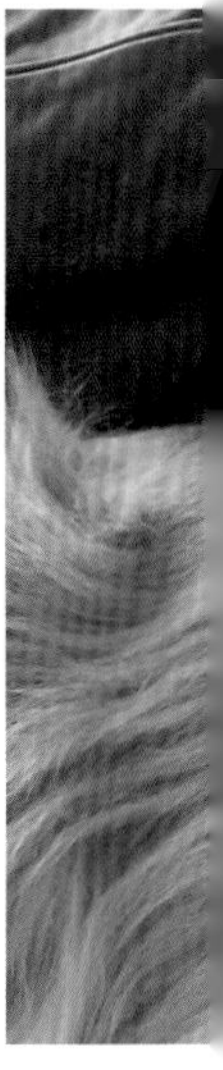

2019/12/20 ハ

ちゅーるさぎ
かえってくるじかんを
守らないさぎ
おかーさんは最近
とてもわるい子に
なっている気がする。
ぼくをとつぜん
かたぐるまするのも
やめてほしい。
ぼくはぼくのぺーすで
かたぐるましてほしいときは
ちゃんと言うから
そのときだけにしてほしい

2019/12/29 ユ

三年前の写真を眺めていたら
三年前の
ハニオに出会いました。
まだ生後半年足らずの
赤ちゃんぽいハニオ。
みんな大きくなりました。

2019/12/31 ユ

大晦日と
はちみつ色のひとと
長芋。
わたしは、たぶんこのひとに
だれよりも見つめられている。
ハニオありがとう。
そばにいてくれてありがとう。
大好きだよといってくれてありがとう。
みんなみんなずっと元気で。

2020/1/3 ユ

明けましておめでとうございます。
2020。
この感じの数字の並びって、次に来るのは3030で、
えーと、1010年後…
などと考えるのもお正月の平和な空気の賜物なのかもしれません。
さて
わたしのお正月は、普段と何も変わらぬ普通の日々。ご馳走をいただく機会もあるけど、
ほとんどは
昨年末からずっと続けてる原稿書きの日々…
しかし
2020。今年はオリンピックが東京で行われるという歴史的な年。
それを楽しみに待ちつつも
わたし自身はとにかく自分自身と
しっかり向き合う一年にしたいと
思っています。
年齢を重ねるほどしなやかに
透明に強くなりたい。
そんな気分です。
今年もどうぞよろしくお願い致します。

2020/1/4 ユ

きのう、なかなか進まぬ
原稿書きの合間に
ずっとこの本を読んでいました。
読んでいるうちに
ボロボロとなにか古いものが
剥がれ落ちていくような気持ちになりました。
ウニヒピリとは、
自分の中のうちなる子供。
みんな自分の中に
小さな子供の頃の自分が住んでいて
その子と無意識に対話しながら生きているんですよね。
わたしは、その感覚を
実は子供の頃から持っていて
吉本ばななさんがこの本でおっしゃられていること、
手に取るようにわかります。
平良アイリーンさんのお話も
ほんとうに興味深くて
結局あっという間に完読してしまいました。
そうなんだよ、そうなんですよねと
独り言をいいながら

唸りながら読みました。
いまの世の中、とくに日本は
周りに気を使いすぎて
自分の本心がわからなくなってる人が沢山いるような気がするのです。
自分に誠実であること。
自分の人生を生きること。
そのことを
深く考えさせられました。
ぜひ。

2020/1/5 ユ

今年のお正月のごちそうたち。
毎年恒例の礼子さんのお宅に
お呼ばれ。
礼子さん
いつもありがとうございます。
毎日机に向かってばかりの毎日の中
ひとときの華やかな時間でした。

礼子さんちの、しのぶ。
心優しい大きな子、しのぶ。

2020/1/14 ユ

どんなに疲れて帰ってきても
このひとたちが
いつも通りの顔で
おかえり、と言ってくれる。
そのことをほんとうに
ありがたいと思う。
ただいま。
いつもありがとう。

2020/1/16 ユ

忙しくて全くギターに触れて
いない日々です…
これは一ヶ月以上前のわたし
初歩の初歩。
が、がんばります。
頑張るのだ。

かっこいいぼくを
ごれんぱつ。
ぼくは
二重まぶたです。
ねこの種類は
ざっしゅです。
おかーさんが言いました
ざっしゅはさいこうに
すてきなしゅるいだって

2020/1/23 ユ

この冬、一つ気がついたことがあります。
やけに髪の毛にコシがある。
ハンドクリームが必要ないほど
手肌（体全体）が乾燥しない。
ささくれが無くなった。
なぜだ…。
この数ヶ月、まいにち欠かさず食べ続けたもの。
それは、
柿…
わたしは柿が大好きで、
1日一個は必ず食べます。
食べすぎると太ると
人は言うけれど
柿はビタミンの宝庫。
風邪ひとつひかない理由も
ここにありそうです。
恐るべし柿の栄養。

ぼくのよこには
はにおちゃんハンカチーフ。
はにおちゃんハンカチーフは
ちゅうせんでさんめいさまに
プレゼント（おかーさん注　うそです。）
ハニオちゃんはんかちーふは
洗ったので
ぼくのよこで乾かしています

2020/1/26 ユ

out of museumにて

ちいさなブルーグレーの扉を入ると
そこはまるで
アリスのワンダーランド。
ここが東京であることを
忘れそうな異国感と
オーナーであり
アーティストの
まことさんのパワーに溢れた空間。
すごいところに来てしまった。
パワースポットだな…
わたしにとっての。

2020/1/29 ハ

てれびのなかに
ひかりんごおばちゃんがいた。
こどものファッションについて
みんなでおはなししている。
ぼくは
せーたーと
ぼうしを持っています。
ぱんつは
はいていません

2020/1/29 夕

ぷらいべーと感がある
そふぁです。
ぼくとはにちゃんは
ぼくたちのほかに
4匹のきょうだいがいる
むつご、だけど
おたがいの
こころのいちばんやわらかいところには
どそくで
入らないように
しています。
おかーさんが
いつも、そうしなさいと
いうからです。

2020/1/30 ハ

ますくがない、とおかーさんが
言っている。
ぼくのおぱんつようの布を
ますくにしてもいいと
思っています。
ちえとくふうで
生きていきます

2020/1/30 ユ

世の中がざわざわとしている。
街はなんだか人が少ない気がする。
マスクは買えず。
いろんな噂が飛び交う。
たしかに
新型ウイルス怖いです。
だけど
分け合ってみんなで予防しないと
意味ないですよね。
とにかく栄養つけて
免疫上げて
口角上げて。
わたしはマヌカハニーを
しょっちゅう舐めています。

せつぶんは
まめをたべたり
まいたり
としのかずだけ
ささみをゆでたり
食べたりする日です。
おかーさんは
豆もなくて
ささみも買いわすれました。
しかたがないので
ぼくのあしのうらにある
豆を見ればいいと思いました

2020/2/5 ハ

みずのみば。
ぼくはおしえている。
新しくきた
らいおんのこに
みずをのむばしょと
みずののみかたを。
ライオンとしても
ぼくはせんぱいなわけだし

水色のいすは
ぼくのいす。
おかーさんが
このいすにすわって
ギターをれんしゅうします

2020/2/10 ユ

おはようございます。
新しい朝です。
朝一番にみた光景です。
毎日こんなです。

ぼくのぼうし
ゆきちゃんに貸してあげた。
あごひももつけました。
ちえとくふうで生きていきます

とてもこわかった。
キッチンのひきだしが
あいてたから
そこにはいってあそんでいたら
おかーさんがまちがって
しめてしまった。
ぼくは
しばらく黙って遊んでいたけど
こわくなって泣いた
そしたら
おかーさんがあわてて
ひきだしをあけて、
はにぼうなにやってるの!!
どうやってはいったの!!と
いった。
ぼくはわるくない
おかーさんがよくみてないからだ

はい。ごめんなさい。
うっかり間違えて閉めました。
とても怖かったです。
以後気をつけます。

2020/2/14 ユ

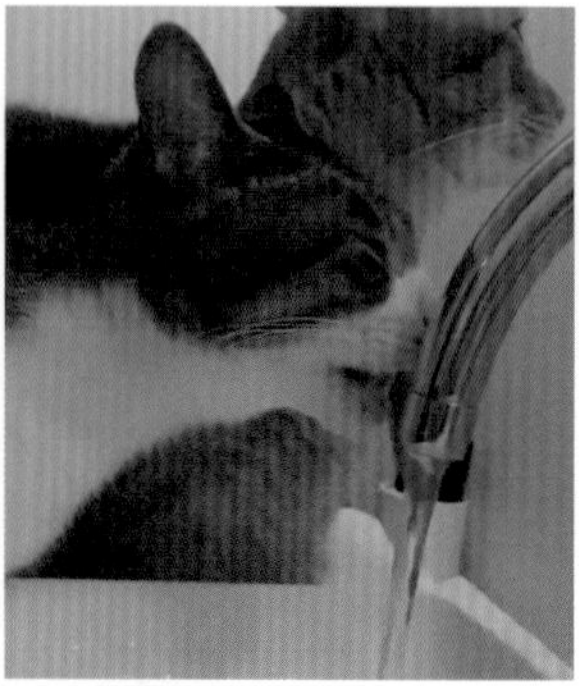

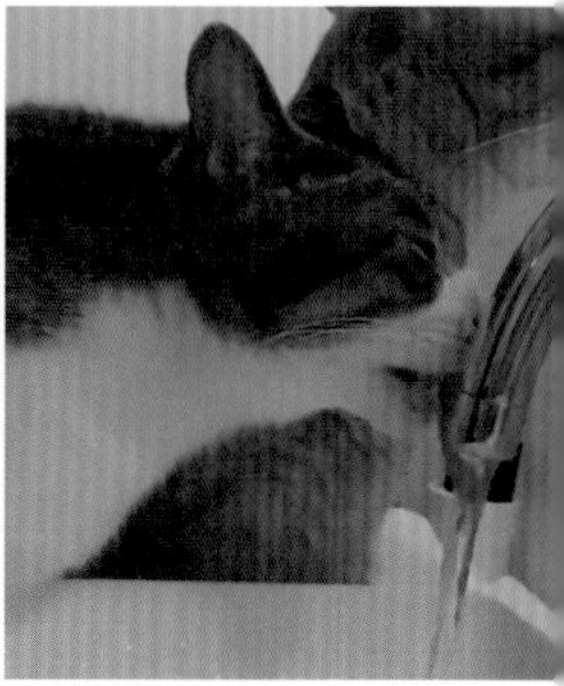

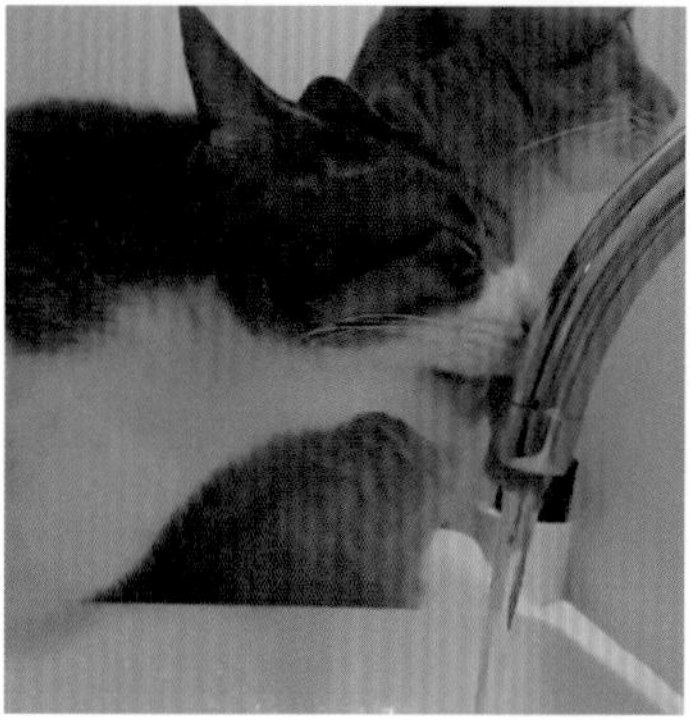

朝から
水飲みの
見本を見せてくれた
たびにーちゃん。
それなのに
ハニオ
全く見ていません。

今朝の朝焼け。
ピンクの空気を吸い込む。
おはよう。

2020/2/17 ハ

おかーさんは
いちど起きても
またソファでだらだらする。
ぼくは
そばで見張っている。
ねすごすかもしれないからだ。
おかーさんは
ほんとうに世話が焼ける。
しっかりしてほしい

2020/2/18 ユ

朝の光と雪とパンとコーヒー
幸せなものばかり。
わたしは
動物と
光と
おいしいパンと
コーヒーさえあれば
幸せです。

2020/2/21 ユ

見通しの悪い世の中。
だからこそ
活字に書かれてることを鵜呑みにして
過剰にキリキリするのは
得策ではないと思います。
ほんとにそう思います。
乗り切りましょう。

きのうのよる
ぼくはおかーさんと
おはなししていた
てれびもすこし
いっしょにみていた
なのに雪ちゃんが
あいだにはいってきて
じぶんをあぴーるした。
そういうのって
すこし
はんせいしてほしいです

2020/2/21 ハ

ゆきちゃんは
体も大きいし
あぴーるするちからが強い
おかーさんと先にはなしていたのは
ぼくなのに
ぼくはするりと
抜け出して
水色のいすのうえで
かっこよく
じぶんのじかんにもどった

朝から
ゆきちゃんともめている。
そふぁを
ゆきちゃんがしょっちゅう
ひとりじめしているからだ。
さいきん、
とくにひどい。
ぼくは
きりかぶの上か
そふぁの「へり」ばかり。
ちゅういしているところです

2020/2/24 ユ

朝日と雪
ほんとうに優しい顔の雪。
ハニオに叱られても
全然気にしない雪。
いいお天気だね。

2020/2/25 ハ

むかしむかしあるところに
すてきなねこが落ちていました。
すてきなねこは
おやつがもらえない
ひどいおうちにすんでいました。
おやつがもらえないので
ガリガリです。
なかまもいっしょにすんでいますが
希望しているおやつは
いっこうにもらえていません。
かりかりがおもな
しょくじで
あまりすきじゃないのに
それぱかり食べさせられています

2020/2/26 ハ

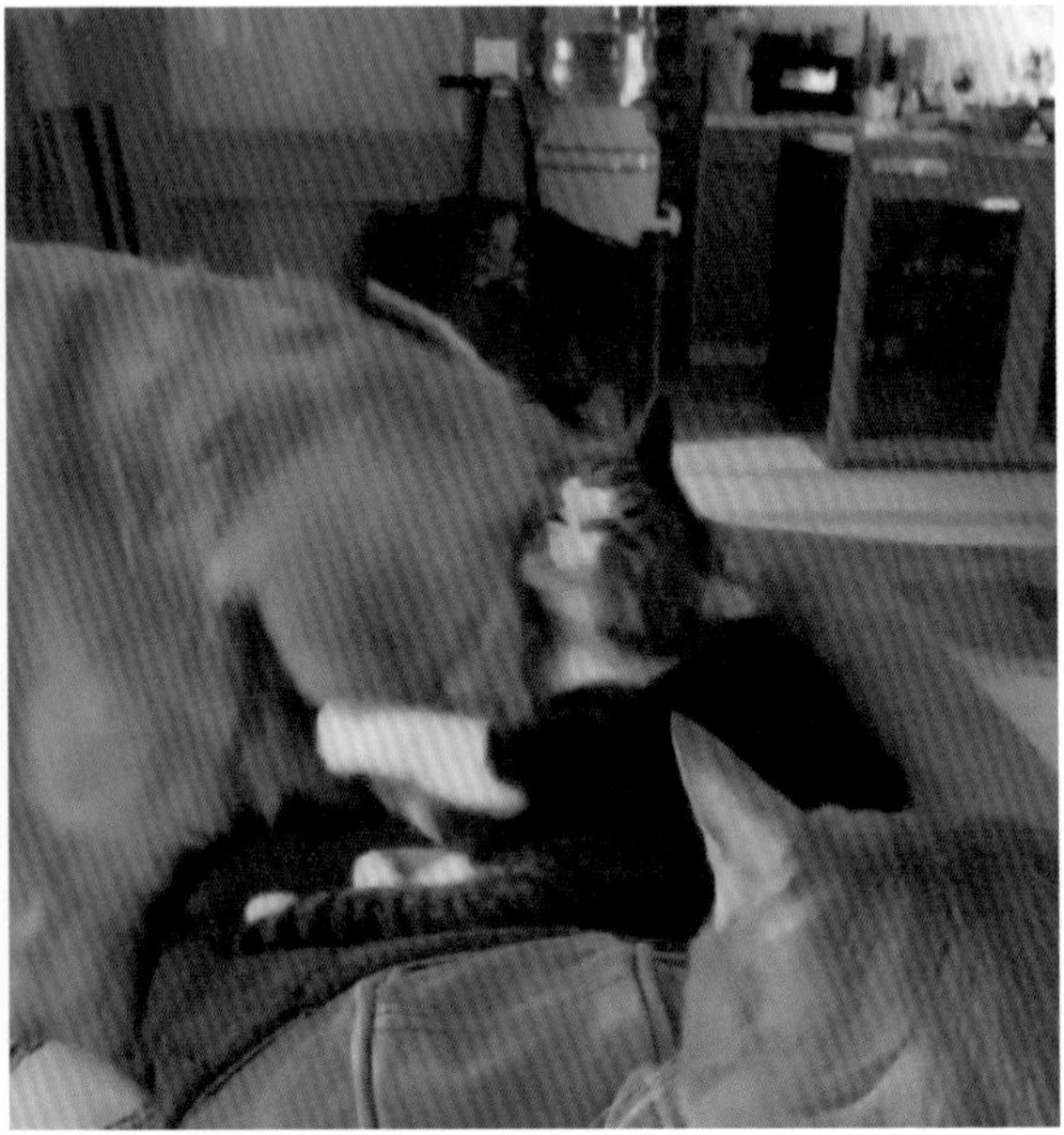

ゆきちゃんは
また
どうどうとそふぁにすわっている
たびちゃんと
遊んでいるけれど
ぼくとは目をあわさない、
うしろめたいからだ。
ぼくはいつもこの
へりに、おいやられている。
でも
へりもふかふかだと
きがついた

へりも、ふかふかだと
きがついたので
すすんで
へりにいることも多いです。
てれびをみています。
こどもたちがみんな
がっこうがおやすみに
なったらしいです。
くじゅうのけつだんだと
いっています

2020/2/28 ユ

猫のことを解析した本には
ときどき
猫は寂しくない、とか
すぐいろんなことを
忘れちゃう、とか
自分勝手とか
そんなことが書いてある。
でもいつも思うんですが
猫になったことないよね？
猫の気持ち、猫にしか
その子にしかわからないよね？
と。
脳が小さくたって
その中にどれだけの可能性を
秘めてるかは
まだまだ未知です。
目の前にいるその子を
そのまんま、
感じることが大切だと
思うのですよね。

おはようございます。
4年に一度の
2月29日。
奪い合えば足りず
分け合えば余る。
この言葉を呪文のように
繰り返す今日この頃です。

If we scramble, it's not enough.
But if we share, it's enough.

2020 spring

旧細川邸のシイの木

きのうの夜
おかーさんと
映画をみた。
らいおん-25ねんめのただいま-
という映画だ。
ぼくはみながら
ぼくのほんとうのおかあさんの
ことを思いました
撮影現場の
のきしたで
ぼくたちは生まれた。
ねこのおかあさん
ぼくたちは
みんなげんきです

3月3日
ひなまつり。
いいお天気です。
わたしのことを
会ったことない人たちが
応援してくださって
支えてくださって
その反面
会ったことのない人が
その逆、もあるわけで
それはそれで
感情は自由なので
なにもいえないのですが
まあそんなわけで。
自分のパワーを上げていくしかないです。
すべてのことに感謝。

2020/3/7 ハ

ぼくはへりーず
ゆきちゃんはそふぁーず
ぼくは堂々とした存在感
ゆきちゃんは、
またぼくとめをあわさない。
うしろめたいからです。
ぼくは
へりが特等席と知りました。
だから
いいきぶん

一日中
へりーず

2020/3/12 ハ

ぼくは、
ゆきちゃんがソファにいなくても
みずからへりーず。
このへりは
ぼくの形に
凹んできているので
もはやぼくの特等席。
たびちゃんにもほんとは
座ってほしくないです

3月16日　げつようび
今日も東京はいいお天気です。
今日はど——しても
成し遂げなくてはならない
ミッションあり。
買ったばかりの
プルオーバーと
お揃いのエプロンして
頑張る所存です。
ちなみに着ているのは
ほぼ日とヤエカのコラボ
LDKウエアというもので
かなり気に入っております。

2020/3/17 ユ

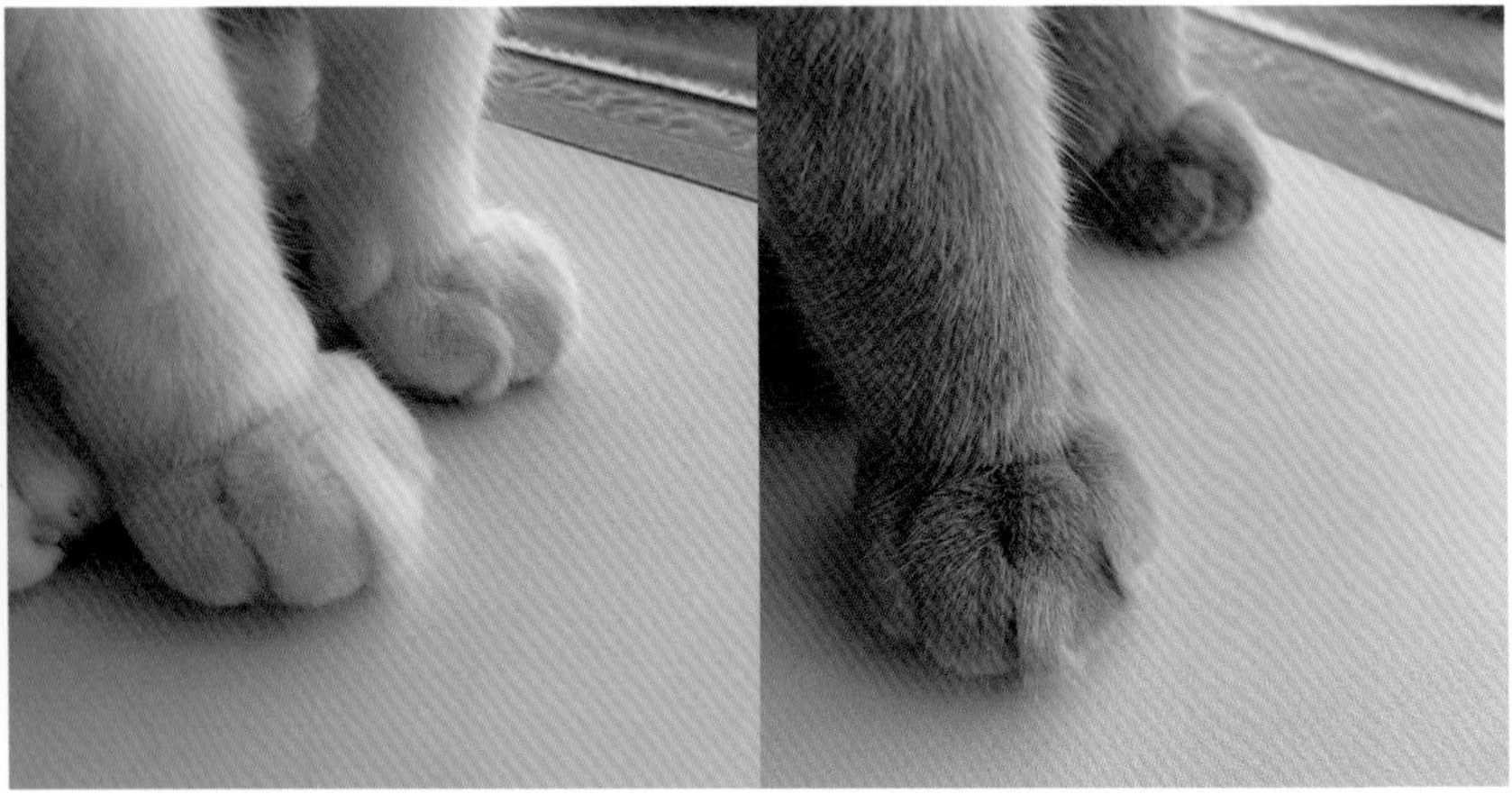

なんの説明もいらない。
人間界、大変なことになっている。
だからこそ、
何も言わずに
その瞬間を生きてる彼らに
救われる。

ゆきちゃんがぼくをみている。
へりーず希望なのかもしれない。
ぼくがぼくのかたちに
へこませてつくりあげた
へりに
なんの努力もしないで
のろうっていうのは
いくらやさしいぼくでも
どうかと思う。
かなしい顔をしたって
だめだ

きのうはすてきな
おさかなの焼いたやつを
おかーさんがほぐしてくれて
かりかりにふりかけてくれた。
ゆめのようにおいしかった。
はっちが
うしろからおおいかぶさってきて
ぼくのお魚を
うばっていった。
おやのかおがみたいです

なにかいる。

2019/3/22 ハ

らいおんにはライオン用の
ごはんのうつわ。
ぼくのごはんのいれものには
ライオンがいます。
ぼくだけに、います。
らいおんだからです。
あたりまえのことです

2020/3/24 ユ

良いお天気なのに
桜は咲いてるのに
気持ちはどうしたって沈む。
周りを見渡しても、
誰に聞いても
近くに重症なひとはいない。
でも、目に見えない脅威が
地球上を覆い尽くそうと
しているらしい。
わたしも実のところ
なにをしていても
元気は出なくて
空回りの空元気。
一人でいたら
だらだら眠ってしまって
ますます悪循環。
しかし、ほんとにふっと
気がついた。

コロナは脅威だけど
一番怖いのは
心の中が萎縮して、
恐怖とか心配ごとに
乗っ取られることだ。
たしかに怖いし心配だけど
でも
糸井重里さんがほぼ日のコラムで
おっしゃってるように
考えるという
人間に与えられたもっとも
創造的なことに費やせる時間を
いま、与えられているのかもしれない。
自分自身を
この不安感に乗っ取られないようにしよう。
そう思います。

エビフライみっつ坊や。

2020/3/26 ユ

朝の散歩。
良いお天気。
桜も綺麗。
歩いてる間何回か、
ゆきちゃんですか！と
声をかけられる。
雪の知名度に驚きました。

はっち選手
フキンを落として
最初は気にするも
だんだん
どーでもよくなる
の巻。
社長風の風格を
お楽しみください。

2020/3/29 ユ

いつかの
わたしと雪。
笑ってる…

そして今日は雪
桜と雪の美しい景色。
静かな時間が流れています。
ステイホーム。
どうかみなさん
おうちにいてください。
わたしも家です。

2020/3/31 ハ

きのうのよるの
ぼくと雪ちゃん。
おうちにいなさいとおかーさんに
いわれてずっとお家にいます。
でも
よくかんがえたらぼくは
ずっとおうちにいるんです。
だからいつも通りです。
ゆきちゃんは
おふとんをかぶって寝るのが
わりとすきです。
たぶん
ぼくのまねです

2020/4/3 ハ

おかーさんからききました。
ますくが
ふたつ、来るそうです。
ぼくたちは6人かぞく。
にまいを洗濯しながら
じゅんばんにつかいます。
一枚はぼくのなので
もういちまいを、
のこり5人でつかうことに
なります

2020/4/7 ユ

はっち。
ただでさえまんまるなのに
丸の中に
すっぽりはいっております。

2020/4/7 ハ

おかーさんはいう
はにぼう、大好きだよと
はにぼういつもありがとねと
毎日いう
ぼくはそんなこと
ずっと前からしってる。
しってるのに
毎日おかーさんは言う

2020/4/8 みつ

おかーさん
きのせいかもしれないけど
まいにち
おうちにいるよね
ぼくの顔
かっこよくなってきたよね
そろそろ2さいだからね。
2さいって
すごくおとなっぽいひびきだよね。

2020/4/8 ユ

今日の朝方。
西の空に沈んでいく
(いえ、次の夜空のために移動してゆく)ピンク色の
スーパームーン2020。
東の空からは
太陽が顔を出す気配と
美しい朝焼けが始まっている。

2020/4/10 ユ

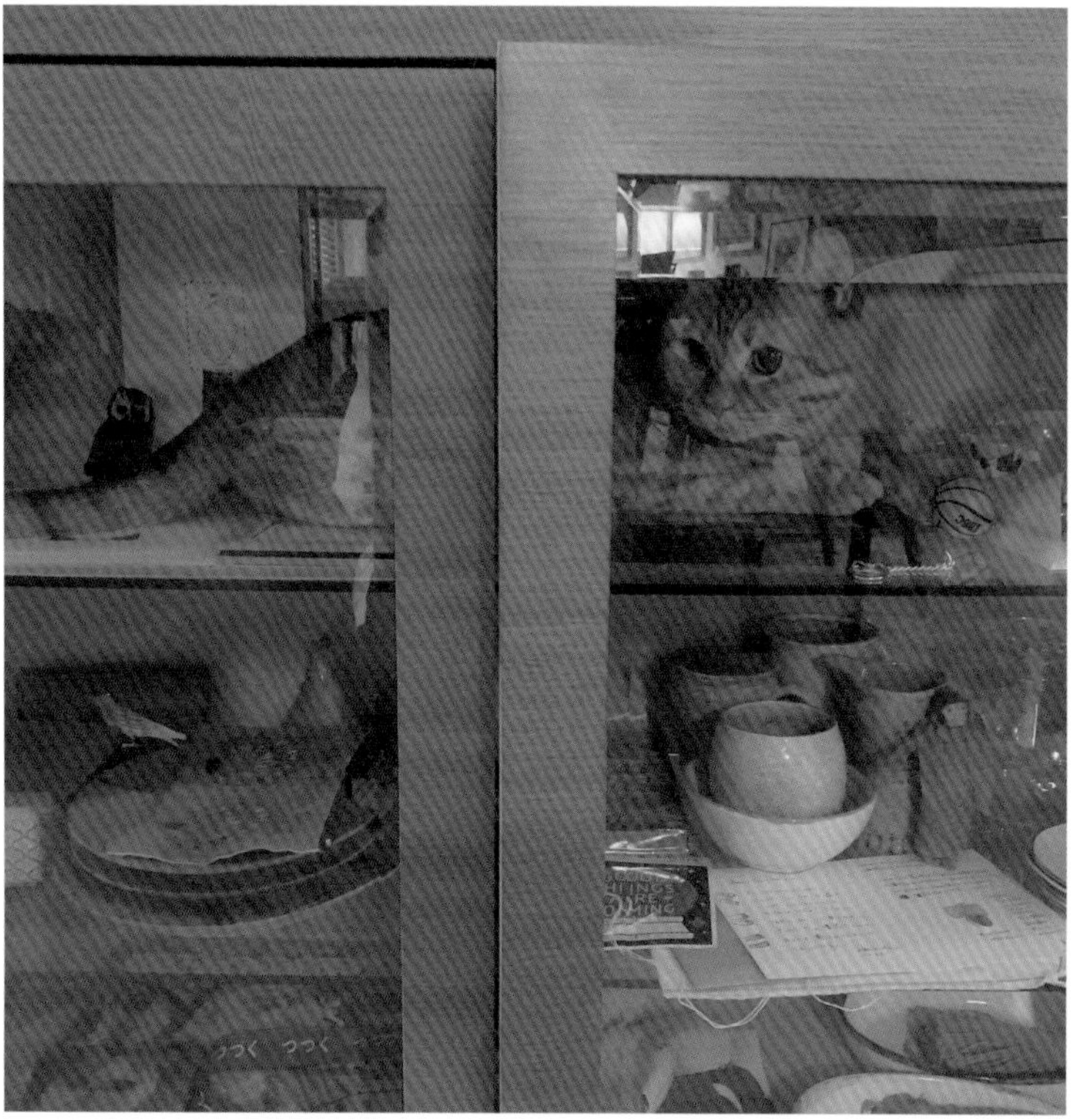

おはようございます。
朝起きたら
はっち坊やが見当たらず。
あちこち探してもいなくて
青ざめていたら
視線を感じた。
……。はっちは実は
様々な扉を開けることが
できるのです…
おそらく
ここにある
バスケットボールの
キーホルダーが
欲しかったんだな。

てれびをみています。
しんけんにみています。
おかーさんもみています。
おかーさんはぼくのことを
ゆき、とよびました。
ゆきちゃんのことを、
はっち、とよんでました。
みっつのことを
ミーミーくんと
たびちゃんのことは
たび、と呼んでました。
いずれにせよ
つかれています。
すてい・ほーむな
はにお・いしだ

2020/4/15 ユ

今朝、雪のさんぽから帰ってきて
ばたばたとご飯の支度をしていたら
はちみつ兄弟が
玄関のあたりで
わーわー騒いでいたんです。
あきらかにわたしを呼びにきて
ここだ、ここだ、と
ふたりで
上着の入ったクローゼットを
手でたたいたり
体当たりしたりしている。
そしてわーわー鳴くんです。
ん?と思って扉をあけましたら
中からのっそりと
たびにーちゃん登場…
はちみつ兄弟
だいすきなたびちゃんを
助けるの巻でした。
信頼と実績のたびにーちゃん。

てれびをみるぼくです。
もともとは てれびは
みないほうでした。
最近はおかーさんが、よく
てれびをみているので
一緒にみています。
しっかりとめをひらいて
みています。
いまみているのは
みんなのうた。
うたっているのは
あらし、のみなさん

2020/4/18 ユ

雨の朝
外からみた雪。
おさんぽいけないね。
きょうもおうちで
本を読んだり
お勉強したり
運動したり
お料理したり
昼寝したり
ぼーるなげしたり
しようね雪。

いしだ・シンバ・みっつ
王の風格。
今朝の光景。

2020/4/20 ユ

真夜中に何か料理をするのがマイブームです。
ひっそり静かな暗闇の中で
煮卵を作る。(簡単なことしかしない)
ほうじ茶と、麺つゆとごま油に漬け込みました。
あ、八角をひとかけら。
マヨネーズと合います…
卵大好き。

ゆきちゃんが
あたらしいおもちゃを
買ってもらっていた。
かたいチーズみたいなやつも
買ってもらっていた。
僕のあたらしいおもちゃは
なにもない。
糸くずとか
かみくずとかで
ひかえめにあそぶばかりだ

動物や料理ばかりで
にんげんが少ないとのご指摘あり。
ステイホームの日々は
とにかく家にいるしかない。
昨日はオンラインのギターレッスン。
何かを集中して学ぶのは
ステイホームの時期は
もっとも有意義な気がいたします。
ギターの音色は
心の奥の何かを
確実に癒すのです…。

やるせないことは
沢山ある。
そばに動物たちがいてくれて
あそぼう、と誘ってくれることが
本当にありがたい。
ゆき、いつもありがとう。
みんなありがとね。

2020/4/26 ユ

おはようございます。
夜明けから二時間の散歩。
ほんとうに気持ちのよい気温です。
朝、最高です。

おはようございます。
様々なことがあります。
ときどきたしかに
心も弱ります。
みんなピリピリしてます。
そんなときこそ
優しく強くタフでいたいです。
ハニオのガッツポーズをみて
そう思いました。
さあ
今日も始まります。

みっつ坊や今日も登頂
新しさの追求。

おしゃれをしています。
ぼくのすてきなぼうしを
かぶっています。
よん歳になったからです
よんさいって大人っぽい響きなので
きにいっています。
たびちゃんは3歳のままです

赤いぼうしをかぶったぼくですが
なかみは3歳のままです。
おどろいたことに
はにちゃんもどうじに
よんさいになりました。
ぼくはねんれいには
こだわらないタイプです。

結局この帽子は
雪に一番似合う
ハニタビ無事に4歳になりました。
おめでとう。
ずっと元気で楽しく
なかよく笑って暮らそうね。
いつもいつもありがとう。
そばにいてくれてありがとう。
ほんとにもう、それだけ。

2020/5/5 ユ

はちみつ兄弟　2歳になりました。
元気ですくすく育ってくれて
いつも笑わせてくれて
ありがとう。
うちに来てくれてありがとう
これからもずっと元気で
毎日笑って
みんなでなかよく暮らそうね
おかーさんより。

2020/5/10 ハ

おかーさんが僕をじっとみて言った
はにぼう、かわいいね
はにぼう、だいすきだよ
と
おかーさん
ぼくはそんなこと、
ずっと前から知っている

2020/5/20 ユ

この白い揺り椅子、
わたしが5歳のときに
友達のお母さんたちがみんなで記念に
下さったのです。
もはやセルフビンテージ。
もうガタガタなので
ちゃんと修理しよう。
わたしはなぜか
小さな椅子が昔から好きです。
椅子って
人の形をしてるから、かも。

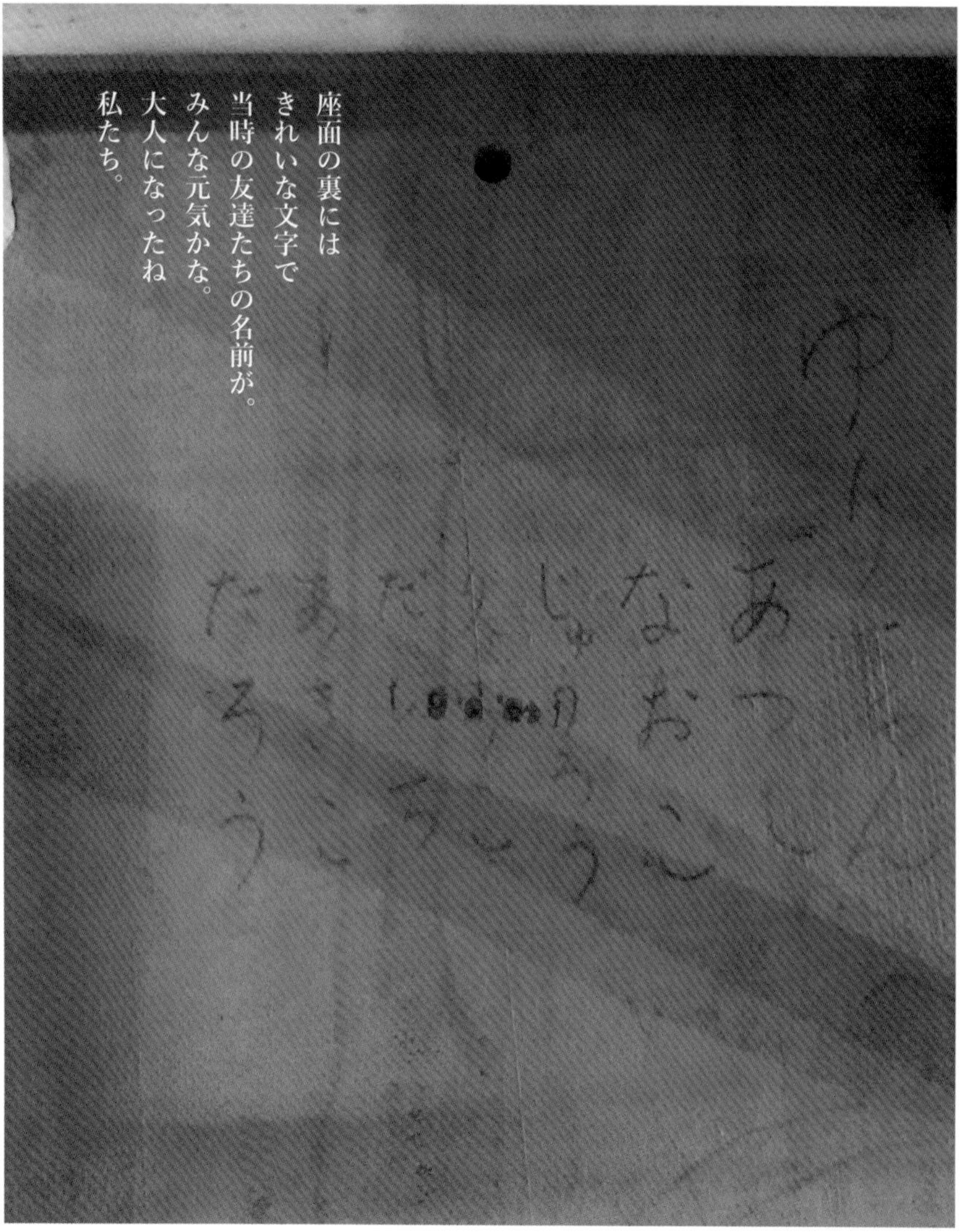

座面の裏には
きれいな文字で
当時の友達たちの名前が。
みんな元気かな。
大人になったね
私たち。

2020/5/21 ハ

さむいあさです。
昨日のよる
ぼくは
こけし風に
なってみました。
うつくしいよこがおも
よかったらみてください。
たびちゃんは
にじゅうあごですが
ぼくはすっきりしています

2020/5/23 ハ

おかーさんがそふぁで
ぐうすか寝てしまったので
ごはんがおそくなりました。
ぼくたちは
もんくもいわず
いっしょに寝て、いいこに待っていたのに
きょうのおいしい缶のやつには
わがままねこ、と
書いてあります。
よのなかきびしいです。
こんなにいいこなのに

2020 summer

ぼくはさいきん
はにすちん、と
呼ばれている。
おかーさんがときどき
ぼくのことをそう呼ぶ。
はにすちん
はにすちん
ちょっときにいっている
（おかーさん注　発音は、スナフキンと一緒です）

2020/6/18 ハ

きのうのよるのことだった。
ゆきちゃんがおかーさんに
べたべたしていた。
順番的には
ぼくがひざにのったり
ねこぐるましてもらう時間だった。
ぼくは

さりげなく
めのまえをよこぎった。
ゆきちゃんがわにむいた
ぼくの体から
さりげなく
主張しながら
よこぎった

おかーさんがいった。
なんで最近一緒にねてくれないの?と。
ぼくはさいきん
カーテンの後ろでねています。
いぜんは、はちみつ山でした。
理由はとくにありません。
けーすばいけーす
きぶんてんかん
そんなかんじです。
よん歳になったから
すこしおとなっぽい行動をこころがけ
ています

2020/6/24 みつ

ぼくんちのまどは
二重になってるんだ。
ぼくたちがまちがって
ベランダにでたりしないように
くふうされてるんです。
ひかりも調節できて
すっきりしていて、
ドアにもなるんです。
おかーさんのじまんです。

2020/6/26 ハ

最近のおかーさんは
どうかしている。
ぼくたちのおせわや
おやつの買い出しをさぼって
友達のかおのしゃしんを
あれこれいじってニヤニヤ笑っている。
ひとりのおとなとして
どうかとおもう。
昨日は、おどりをおどっていた。
とても心配です

おかーさんが騒いでいる。
おどりもおどっている。
うたもうたっている。
おちついてほしい。
なにかおこるのかもしれない。
ぼくはあきれています

ぼくのごはんいれに
なんか
ねこがのっている。
ぼくはライオンだから
ライオンが乗っているのは
当然なんだけど
なんか、たよりない子が
勝手にのっている。
おかーさんのしわざだ。
ぼくにはぜんぜん似ていない

2020/6/29 ユ

ひまわり
わたしは特別、このひまわりが好きです。ゴッホのひまわり。
ばぶちゃんのひまわり。

2020/6/30 ハ

今日は朝から
あんぜんのための点検のひとたちが
ピーピー音がするこわい機械をもって
ぼくのいえに入ってきた。
ぼくはしっかりと
はちみつ山になって
自分をまもりぬいた。
おかーさんが
もう出ておいでと
むかえにきた

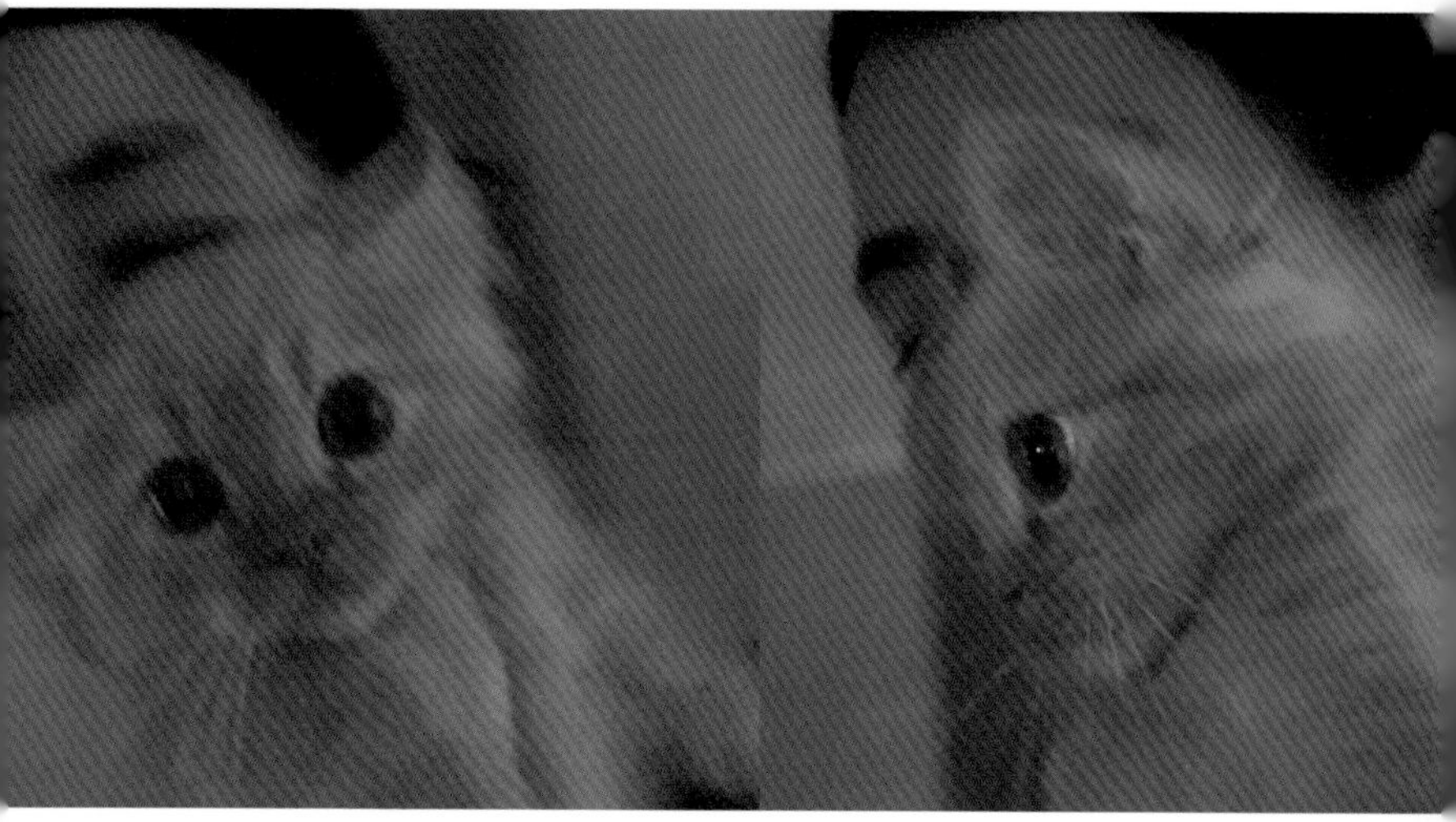

今日から七月スタートです。
2020年下半期スタート。
そんなときに
いえそんなときだからこその
お知らせ。
ばぶちゃん
同じ色の毛皮を着て
かえってきました。
おかえり。

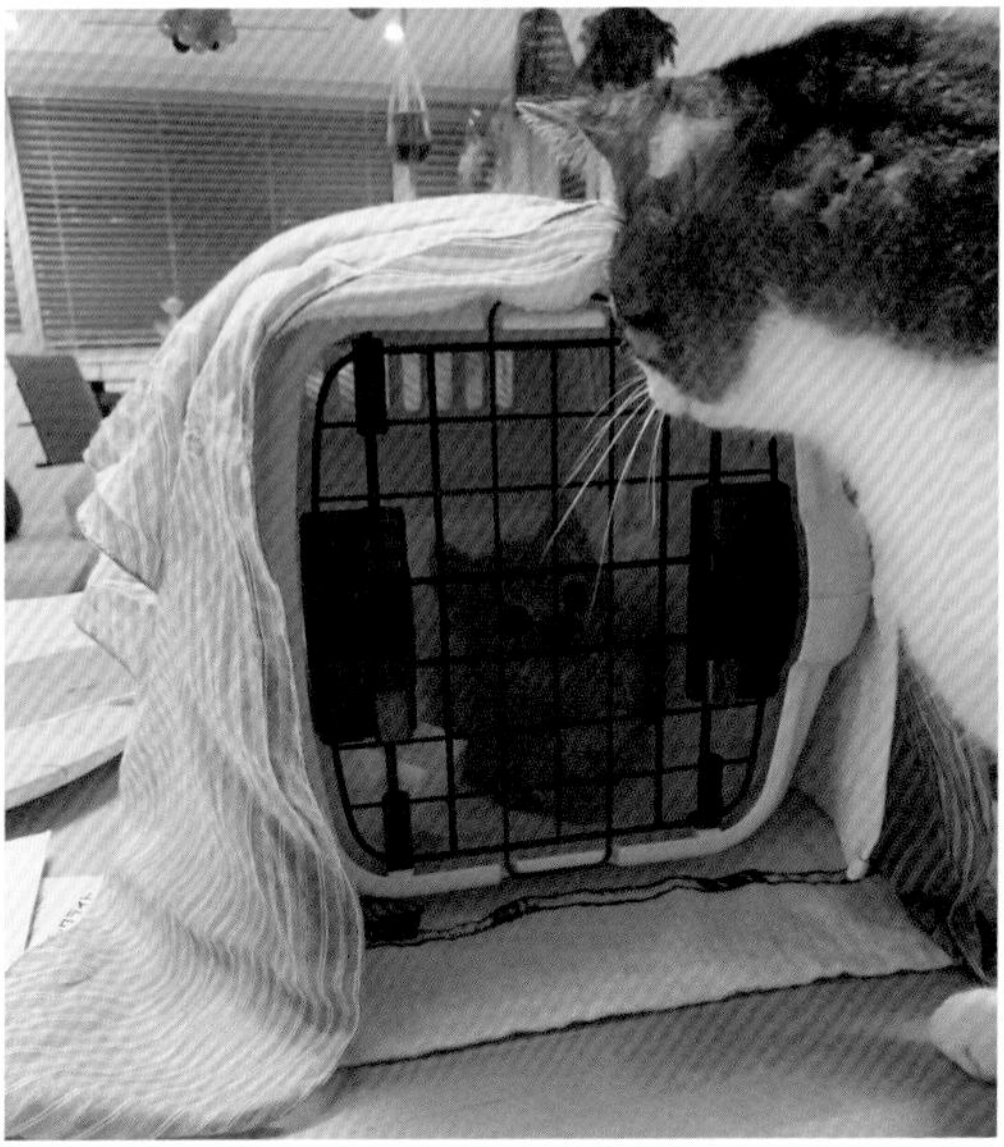

ばぶちゃん、いつでも戻ってきていいんだよと
小さな骨壺に度々話しかけて
過ごしていたら
ばぶちゃんにそっくりな
あまりにもそっくりな
月齢も性別もおなじ
種類も同じ仔猫が
わたしの前に現れた。
同じ動物病院に
やはり同じ理由で保護されていた。
クラクラする頭を抱えながら
会いに行ったが最後
やはりこういうことに
なるのです。
おかえり
よくかえってきたねばぶちゃん。

今日はなんだか頭も胸もいっぱいなので
後日ゆっくりお話しします。
どうぞみなさん
良い夢を。

にゅーばぶお改めバンビです。
ばぶおという名前は本当に可愛くて大好きなのですが
バンビという名前を改めてつけました。
バンビーノ（赤ちゃん）と
子鹿のバンビ、
そして、ばぶおから一文字
引継ぎました。
それでもわたしはつい、
ばぶちゃん、と呼んでしまいます。
ばぶばぶばんびくんと
しばらくは呼びそうな感じです。

2020/7/2 ユ

雪は赤ちゃんが大好き。
不思議なほど赤ちゃんが大好きなのです。
バンビをじっと、ずっと見ている
すきあらば、べろべろ舐めまわしたいと思っているもよう。
バンビは本当に動じないのですが、やはり数日間はこうして
ケージに入れて様子をみます。ゆりごろう王国へようこそ。

2020/7/2 ユ

雪ってほんとに優しい。
赤ちゃん大好きな雪。
おかーさんは
あなたの優しさを誇りに思うよ。

2020/7/2 ユ

しつこくてごめんなさい
昨日の夜中の光景。
ひたすらおもちゃで遊ぶバンビと
見守る雪。
優しい静かな時間。

2020/7/2 ユ

雪の満足げな表情
どうぶつたちは
こうやってどんどん仲良くなります。人間ができることは
実はそんなにないのです。
安全な環境と食事と
衛生、それが基本。
あとはひたすら
彼らの意思を、尊重する。
でも注意深く見守る…そんな感じです。

ちいさいこがきました。
ぼくは全然こわくない。
はちみつ山になったり
かーてんの後ろに
かくれたりなんかしていない。
ぼくは平常心で
おとこらしく
ちいさいこの家の屋根に
のぼってくつろいでいる。
もうすこししたら
みずのみばを教えます

2020/7/3 ユ

バブバブいいながら眠るひと。

雪、今日もバンビをみている。
飽きずに、じっと。

2020/7/4 ハ

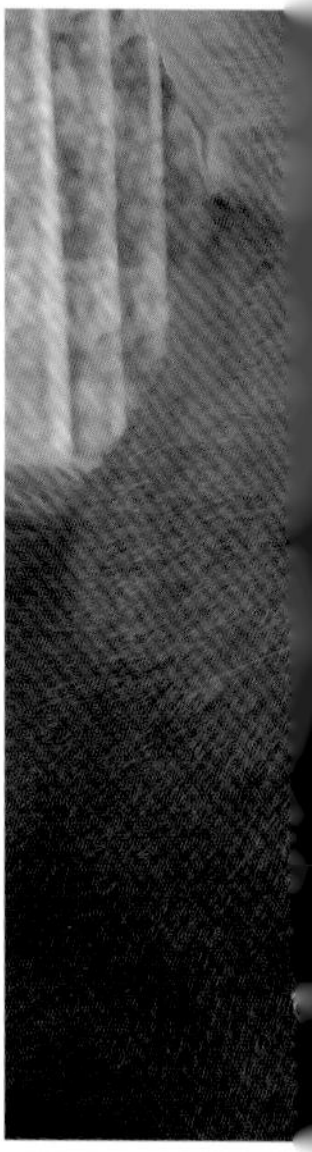

きのうのよる
気がついた。
あのちいさいこは、
まだおうちに帰らない。
それどころか、
おおいばりで家の中を
たんけんしている。
おかーさんにきいたら
うちのこになったそうだ。
それならそうと
はやくいってくれたら
ぼくなりのやりかたがあったのに
おかーさんはいつも
説明がたりない

2020/7/4 ユ

雪ってほんとに赤が似合う。
すてきなお中元の包みに
巻かれていた赤いリボンを
巻いてみた。
嬉しそうです。

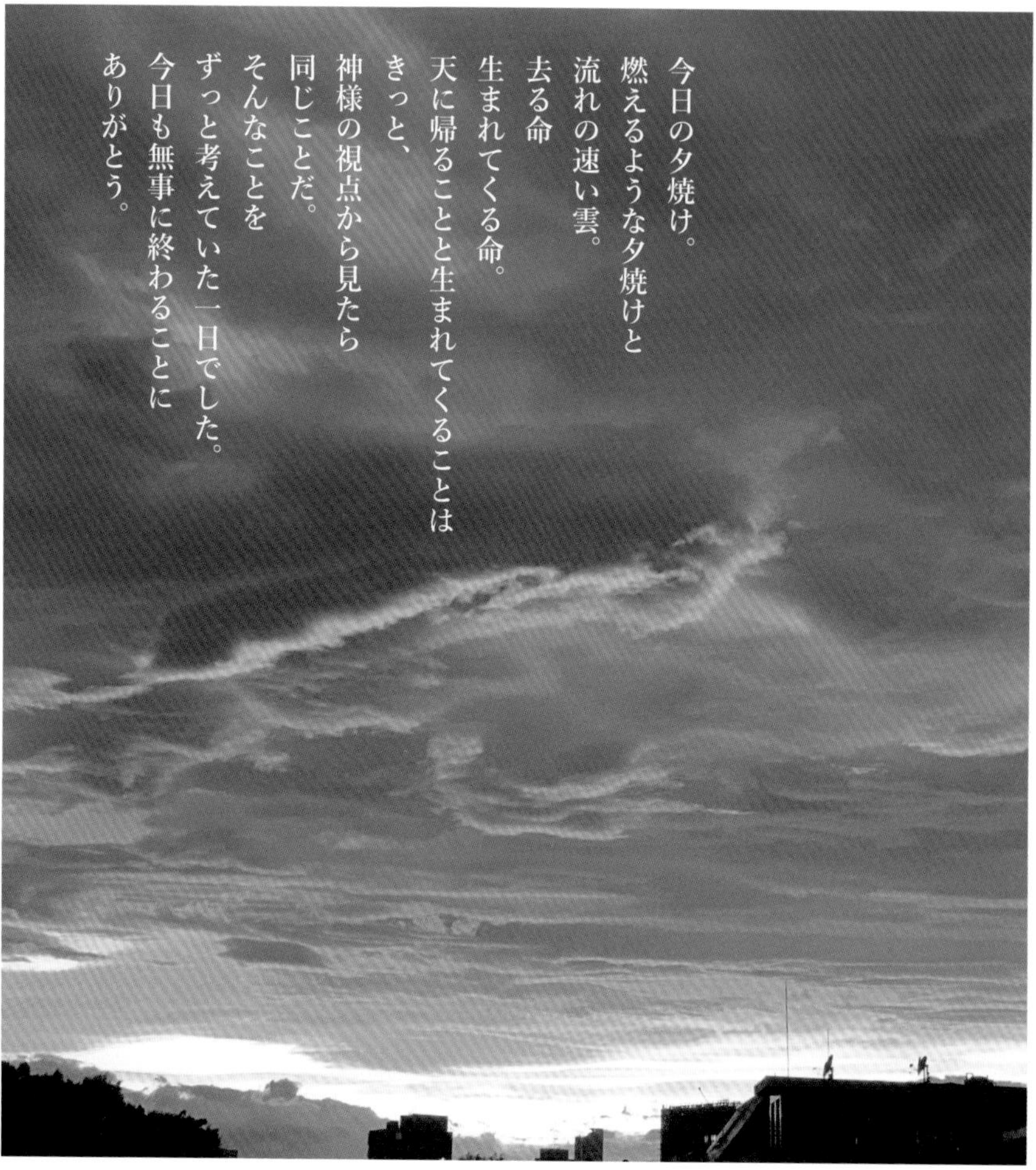

今日の夕焼け。
燃えるような夕焼けと
流れの速い雲。
去る命
生まれてくる命。
天に帰ることと生まれてくることは
きっと、
神様の視点から見たら
同じことだ。
そんなことを
ずっと考えていた一日でした。
今日も無事に終わることに
ありがとう。

2020/7/6 ユ

代わり映えしない写真ですが
バンビのバンビーノ時代の
記録として。

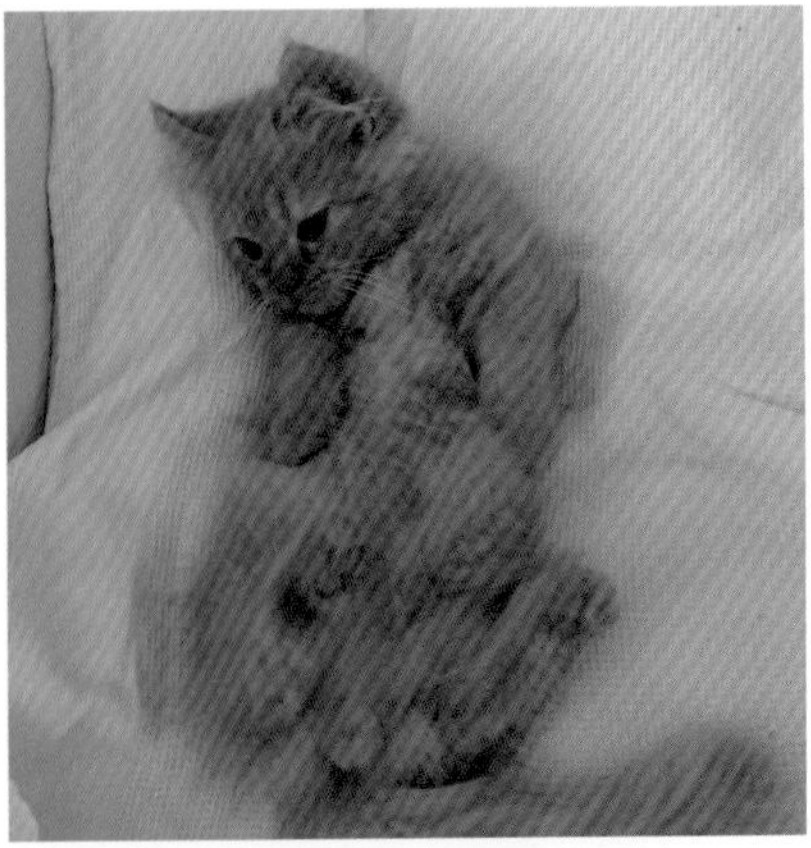

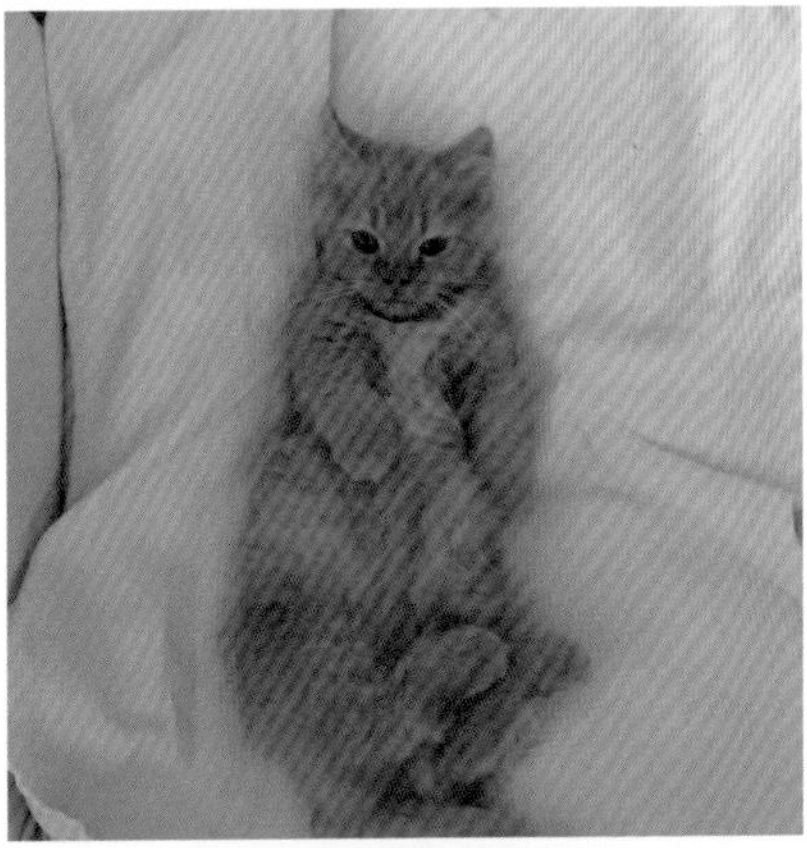

2020/7/6 ユ

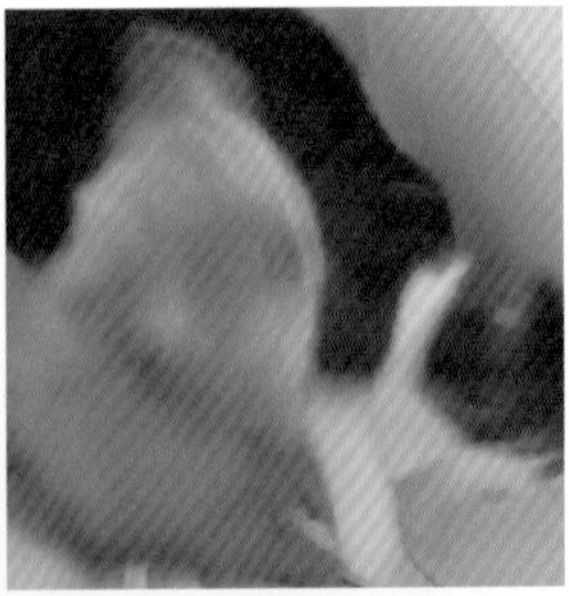
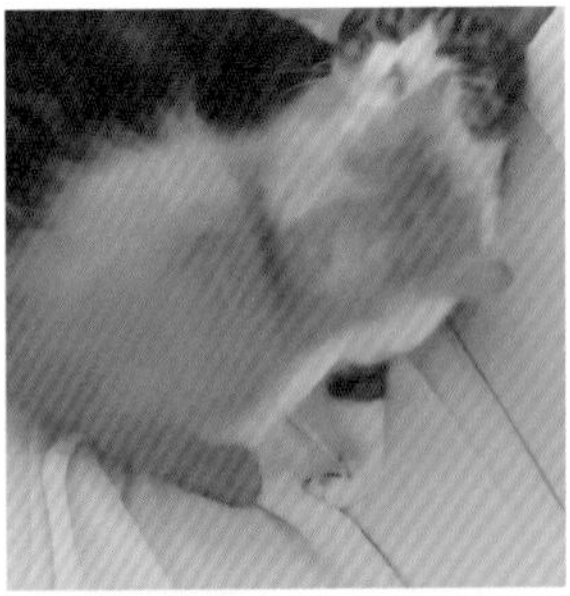

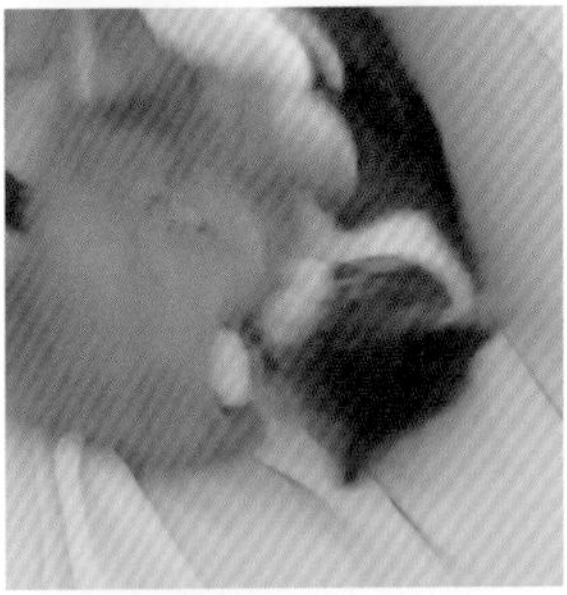

優しいたびにーちゃん。
バンビ、なかなかの腕白です。
みんなを追いかけまわしてます
バンビ…。

2020/7/7 ユ

雪、あさから幸せ。
バンビを舐めまわしております。
しかし
両者の体の大きさが違いすぎるので
常に乳母の監視付き。
乳母、やはり少し疲れてきております
今日も一日深呼吸して参りましょう。

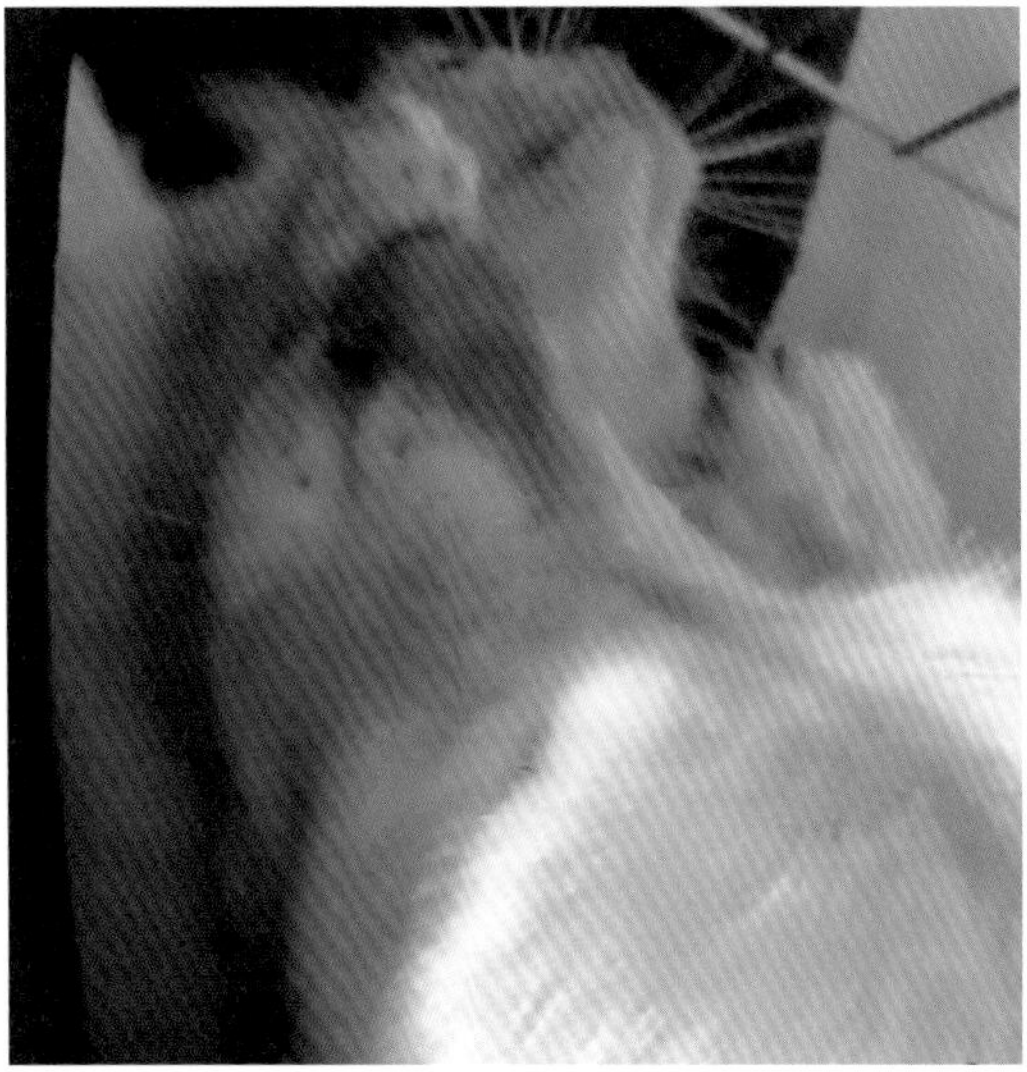

ちいさいこが人気だ
ちいさいから
甘やかされている。
きのうなんか
ぼくをおいかけてきて、
ぼくのことをおどかした。
ぼくにとびかかってきたのに
おかーさんは
はにぼう、優しくね、と言った。
あのこはなんか、むずかしい名前の
種類らしいけど
ぼくだって
ジンジャーキャットだ

2020/7/7 ハ

さっきなんとなく見たら
ぼくが好きなぬのを
巻いてもらっていた。
しいているタオルは
ぼくのすきなやつだ

2020/7/8 ユ

バンビ丸に振り回されて
つかれたひとたち。
おつかれさまです。

2020/7/8 ハ

ちいさいこが
おうさまのいすに
座っていたとたびちゃんから
聞きました
あのいすはぼくだって
たまにしか座れないいすなのに。
ちいさいからって
本当に甘やかされています。
こころのなかで
ばびぶー
と呼んでいます

2020/7/9 ハ

あさおきたら
また
ばびぶーだけ
すてきなぬのを
かけてもらっていた。
べーじゅのやつは
ぼくの憧れのやつだ
水色のは
ぼくの気に入ってるやつだ
ばびぶーだけ
ずるい
ばびぶーのくせに

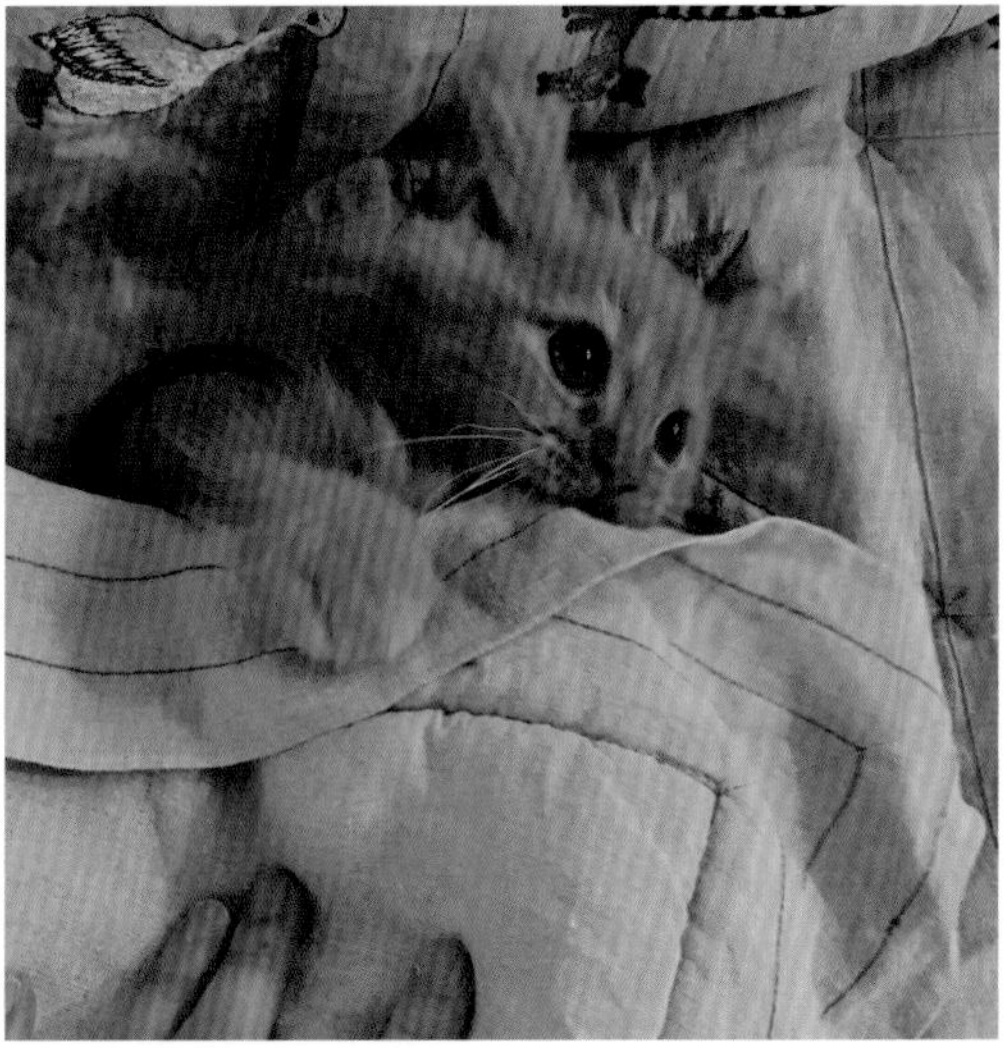

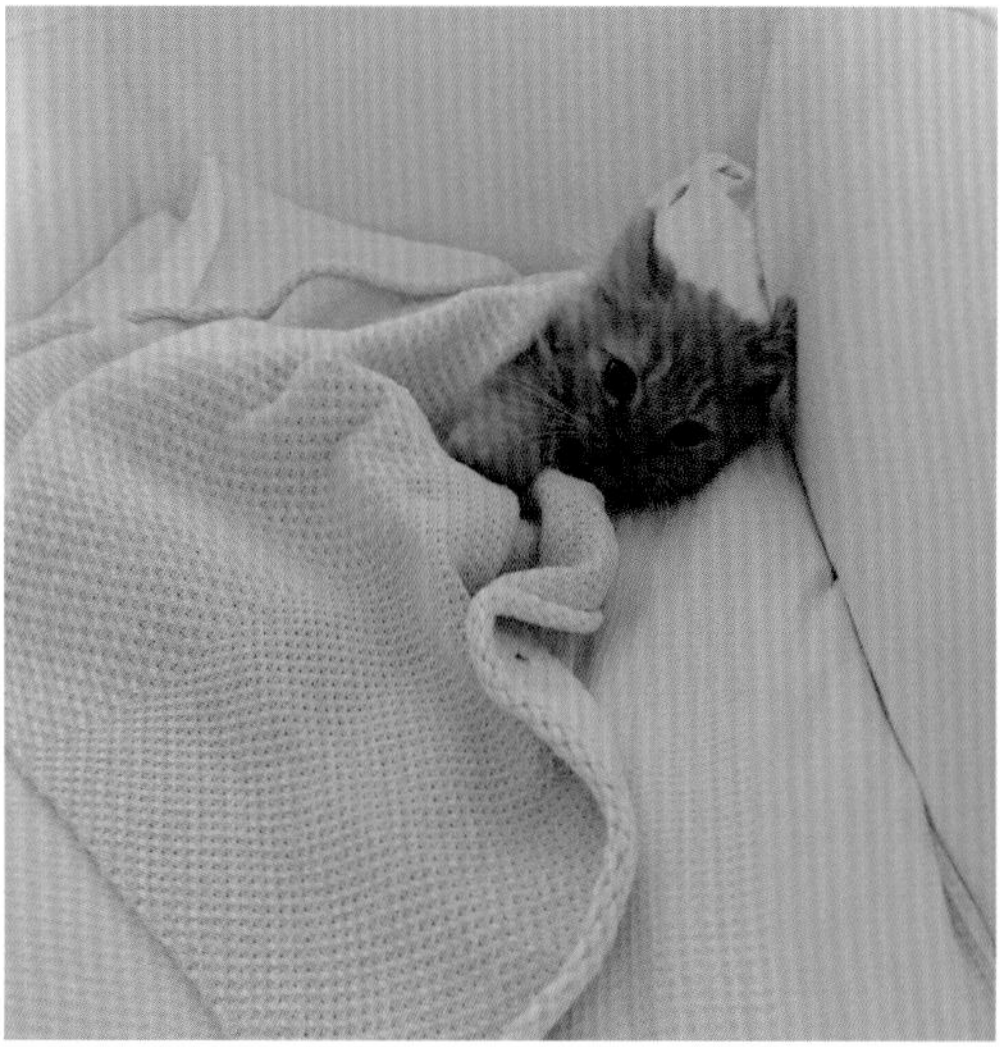

2020/7/10 ユ

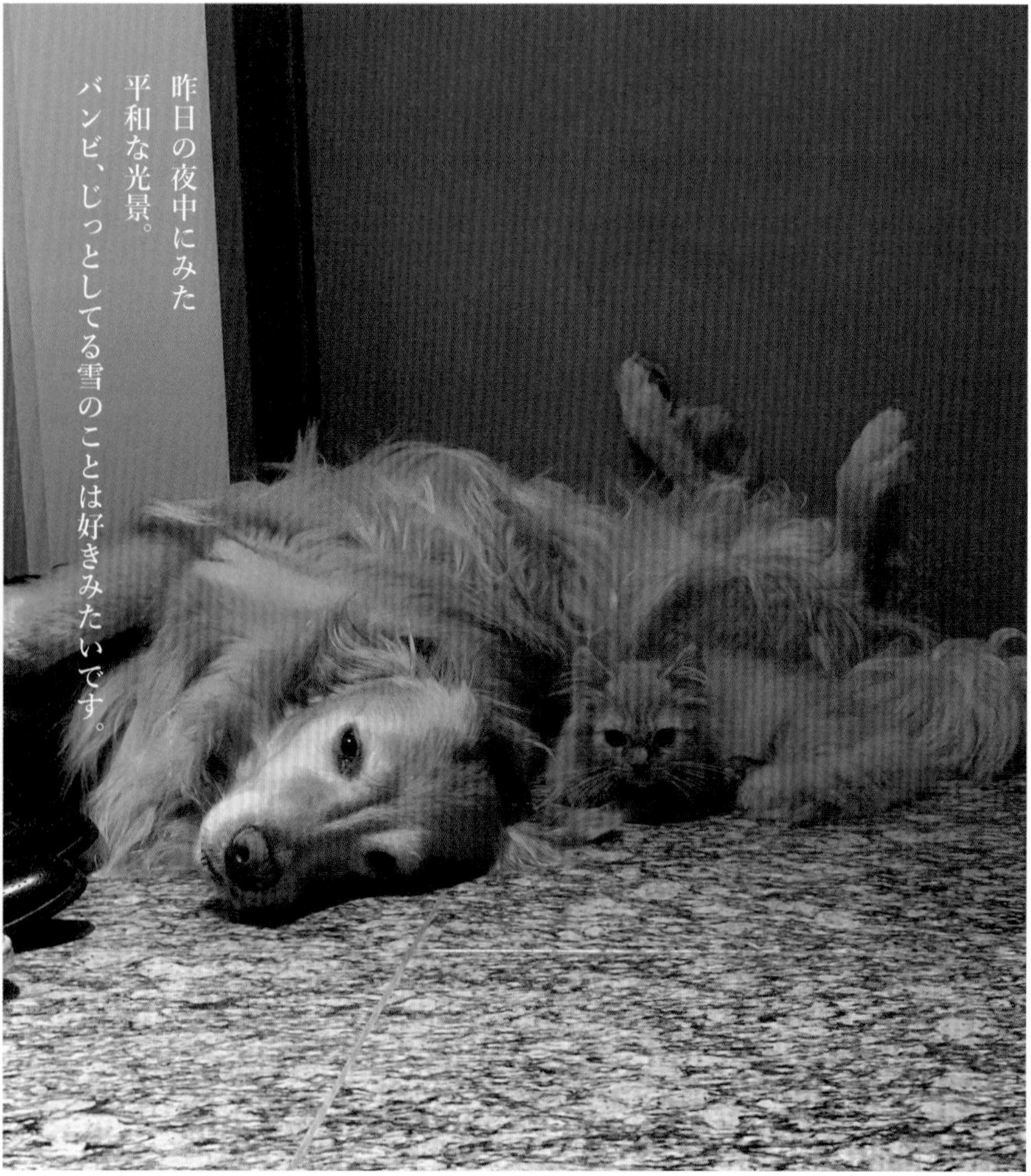

昨日の夜中にみた
平和な光景。
バンビ、じっとしてる雪のことは好きみたいです。

2020/7/10 ハ

ぼくは自信にみちあふれている。
おかーさんは
こっそりぼくに言った
はにぼうが一番、
はにぼう最高
はにぼうかっこいい
ここだけの話、ばびぶーより
かっこいいよ、と言った。
ぼくのこころは
キラキラかがやいている

2020/7/11 ユ

おはようございます。
朝起きたら
ケージにしまい忘れた
宇宙人みたいなひとが
きりかぶの前で
くつろいでいました。

2020/7/11 ユ

ばびぶー
雪の水を飲むの巻

きみのおみずは
きみのきらいな
ケージの中に
あるんだよ。

ばびぶーをケージに入れると
ピーピーうるさいので
ケージに入れるのをやめました。
雪が四六時中、ばびぶーを
見守っています。
雪、いつもありがとう。

サイズ感。
私の足は24センチです。
こんなサイズです、ばぶぶー。

きのうのよる
ばびぶーが
ぼくから離れなかった。
あそぼうあそぼうと
さそってくる。
ぼくは、小さいこは
得意じゃない。
いばっているし、
とつぜんとびかかってくるし、
しつこい。
でもばびぶーは
ぼくのことが好きみたいだ。
しかたないからがまんしている

育児に疲れたお兄さんと
やりたい放題の末っ子
そして、
わたしの大切なソファを
おねがいだからガリガリしないで
いやもうこのさい
均一にガリガリして。

2020/7/14 ユ

タイトル
「育児疲れ」

この夏も、雪を夏の合宿へ預けます。
トレーナーさんの山の家は
東京からおよそ200キロメートルの山奥にある、
素敵な一軒家。今朝は早起きして、雪を送り届けてきました。
この夏合宿ではいつも雪は
たくさんのボーイフレンドに囲まれて
お姫さまのような扱いを受けているらしい
今年もどうぞよろしくお願いいたします。
わたしもようやく、数ヶ月遅れの撮影が始まります。

お昼寝ちゅう。

なんでもない日々の
ありがたさ。
みんなが元気で
体のどこも痛くなくて
ボーッと空を見たり
おやつを時々食べたり
コーヒー飲んだり
お風呂に入ったり
疲れたら眠れる日々の
ありがたさ。
そんなことを本当に
ありがたいと思う今日この頃です。

おかーさんは言う
赤ちゃんだから、って。
ばびぶーは
赤ちゃんだから
ぼくの静かな時間を
うばってもいいのか。
ぼくはゆっくりとすてきな
自分の時間をたいせつに
しているのに
いきなりとびかかってきて
遊びにさそうばびぶーは
なぜ
しかられないのか
ぼくはふにおちない

2020/7/25 ユ

すみません
はっちさん。
あなたが飲んでるそのお水
わたしの宝物
黒田泰蔵さんの
白磁です。
毎日飲んでますよね
黙ってたけど
できたらやめてほしいんです。

2020/7/25 ユ

はちみつ兄弟の
猫プロレス
大きいのがはっち、小さいのがみっつ。
優勢なのがみっつ、
負けがちなのが
はっち。

バンビが来て、
はっちは少しナイーブになっていました。
どうも、あきらかに
拗ねているというか、静かになったので
昨日病院に連れて行きましたが
どこも悪いところはない。
車で移動中、ケージの中のはっちに
「はっち、今日ははっちとデートだね！嬉しいな！」
と言ったらあっという間に
ゴロゴロ言い出した…
うーん。
茶トラ男子みんな甘ったれ。

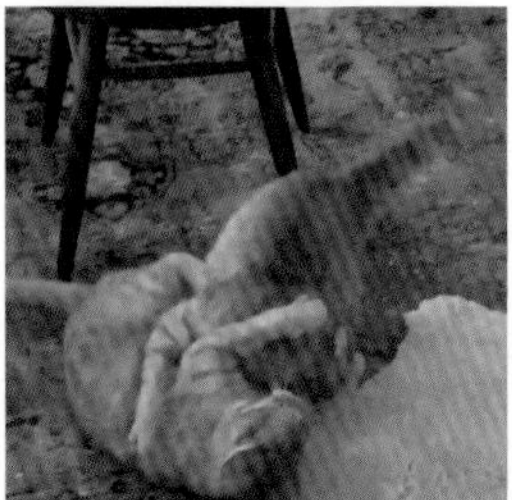

さまーきゃんぷで
まほうのじゅうたんのおうちに
来ています。
おかーさんは
出稼ぎがんばっています。
ぼくのおなかの縦線は
むかしぬいぐるみだった頃の
なごりです

2020/7/30 ユ

ふっと気がつくと
呼吸がとても浅くなっていることが多い。
大きな樹に触れて、
チカラをいただく。
自然は本当に美しい。
人間はちっぽけだなぁ。

黒田泰蔵さんのアトリエの素晴らしいお庭にて

2020/7/30 ユ

昨日の夜
魔法の絨毯のおうちからの帰り道。
後ろの座席に
四つのケージ
助手席にひとつ乗せて
家へとむかっていたら
なんだかゴソゴソと音がする。
振り返ると
なんと、ばびぶーが
ケージから脱出していた。
はっちのケージの上で寛ぐ
ばびぶー
これはまさに
イリュージョン。
石田バンビならぬ
引田バンビ。
いやしかし、焦りました…
どうやら
ちゃんと蓋が閉まってなかった模様です…
気を付けねば…怖かった
今後、気を付けます…。

2020/7/30 ユ

妹とバンビ
妹の着ているTシャツの
猫とばびぶーがそっくり…
ちなみにこのTシャツは
ヒグチユウコさんが描かれたものです

きのうのよるのことだった。
ぼくは、いつもどおり
かっこよく、へりーずになっていた。
このへりは
深くしずみこむ。ふかく
ふかく。
余談ですけど
たびちゃんはにじゅうあご

2020/8/4 ハ

よのなかは
ふこうへい。
ばびぶーなんか、小さいだけなのにちやほやされてる。
ぼくがちいさいとき、
おかーさんは厳しかった
ぼくのつかまえた
カレーパンをおかーさんは横取りしたうえに、
ぼくのおしりをたたいた。
ばびぶーなんて、ライオンにもなってないのに
いつも写真をとられている。
ぼくなんて、らいおんのお人形だって持ってるのに

2020/8/8 ユ

日常。
それは
テーブルの上にゴロゴロ伸びる猫
足元を走るリス
それがわたしの日常。

2020/8/9 ユ

ふとみたらばびぶーが
落ちていた
どこをみてもふわふわ
もこもこ
鼻の穴が大きいばびぶー
常に前向き
自立心旺盛
そんなあなたを
わたしは見習いたい。

2020/8/14 ユ

この暑さのせいなのか、
みっつは少し元気がありませんでした。
しかし今朝ひさびさの
登頂を披露。
おかーさんうれしいです。
みんな元気で。それだけが
わたしの願い。

2020/8/14 ユ

元気がなくて少し痩せたみっつぼうやでしたが
これはもしや心の問題かもと思い、
ものすごーく褒めてみました。
かっこいいを20回くらい
大好きだよを10回くらい
伝えてみましたら
ゴロゴロ言いながら
木に登り出しました。

考えてみると
バンビが来てからどうしても
他の子たちと関わる時間が減っていて
みっつも寂しかったのかもしれないです。
気をつけていたつもりだったけど
まだ2歳のはちみつ兄弟はまだまだ子供。
いいえ、4歳のハニタビだって
同じ。雪もおなじです。
ちなみに、この木の根本には
みっつにーちゃんを真似して登ろうとしている
バンビが
セミのようにくっついていました
そのセミを引き剥がし
うーん、みっつ最高!!
うっとりしちゃうわと
いいつづけた母なのでした。

2020/8/16 ハ

さまーきゃんぷに
またくることが出来ています。まほうのじゅうたんのおうちにまた来ています。
おかーさんは、でていくときぼくのおなかの匂いを嗅いでから言った。
いいこにしてるのよ、と。
おかーさんは全然わかってない
ぼくはいつだっていいこなのに

2020/8/18 ユ

ばびぶー
いいこにしてますか。
お兄ちゃんたちのしっぽに
噛み付いて、しかられてませんか。
ばびぶーは強い子です
ばびぶーは優しい子です
おかーさんは
ばびぶーは、
子猫ねこバスに似てると

おもっていますよ。
たぶん大きくなったら
ねこバスになれるかもよ。
じゃあね
おかーさんは今日も、
がんばってきます。
いいこでね。

ぼくは
おかーさんとは
キッチンでまちあわせもするし
おふろのどあをあけて
中に入っても怒られないし
おなかのにおいも
かがせてあげてるし
おふとんでいっしょに
ねている。
おかーさんは
おみあいなんかしない。
ぼくはしってる。
たびちゃんはにじゅうあご

ぼっくっはー
ばーーびーーぶーー！！！
ばんばんばんび
ばっびっぶううう
まいにちたのしいことばかり
みんなであそぼう
ばんばんばんび
ぷっぷくぷー

撮影　田島照久氏
いつもありがとうございます。

朝一番に見た光景。
なんか…
ばびぶーって…
大きい…
たびは6.5キロもある巨大な子なのですが
ばびぶー、いま何キロあるんだろう…。

2020/8/27 ハ

おかーさんと
しゃしんさつえいをしました。
おかーさんは眠そうです。
かみのけもぼさぼさです
もうすこし
じょゆうとしての
いしきを高くもってほしいです。かけだしなんだし、
まだまだなんですからね。
2枚目は
おかーさんが気がつかないうちに
たびちゃんといりゅーじょんしました

2020 autumn

2020/9/3 ハ

たびちゃんの、にんきが
おおきくなってきている
にじゅうあごなのに、
はなのふちどりだって
進んでないのに。
ぼくなんか
らいおんのお人形ももってるし
ぼうしだってもっているのに

きほんてきに
おかーさんが、ねてるときは
ぼくもねています。
おかーさんがおきてるときは
おきてることがおおいけど、
時々は、ねています。
きのうは、おかーさんは
よるのあいだじゅう
じょゆうのしごとで、
わーわー叫んだり
じめんにはいつくばったり
していました。
あさ、明るくなってきたころ
ガラガラ声で
かえってきたのです。
そのあとずっとねてました。
ぼくもねてました

2020/9/5 ユ

数日前の夜の写真。
ばびぶー、アルパカ化現象。

ばびぶーが
さいきん凶暴なんです
すごく要求がつよいです。
あそんでほしいのと
べろべろしてほしいのと
ぷろれすしたいのと、
全部いっしょに
ようきゅうするので
ぼくはもう、
つかれてきました。
ひとりのじかんがほしいです。

2020/9/6 ハ

ばびぶーが
たびちゃんに怒られたので
ぼくのところに来ています
とてもいやです。
理由は
おおきいのと、
自分のようきゅうばかりするから
です。
おかーさんは
ばびぶーに甘すぎます。
叱ってほしいです

2020/9/9 ユ

バビブーには
四人のおにいさんがいます。
お兄×4。
面倒見のいい優しいタビ兄。
気まぐれだけど心根は優しいハニオ兄
まだまだ自分が子供で、バビブーをどう扱っていいかわからない、はっち兄
バビブーの存在を知ってはいるけどほとんど無視しているみっつ兄。
ばびぶー。肝の座った
いい顔をしています。
がんばればびぶー。

2020/9/10 ユ

はちみつ兄弟の戦い。
箱の中に箱。
そこでゆったりくつろいでいた
はっち選手。
そこへ、その場を奪おうとする
みっつ選手がやってきた。

おかーさんは言った。
ゆかちゃんがきてたのに
なぜちゃんと出てきてごあいさつができないのか、と。
おかーさんは
ぜんぜんわかってない
ぼくはこころのなかで
ごあいさつした。
ゆかちゃんこんにちは
ひさしぶり
ぼくは4歳
ゆかちゃんはなんさい?って
ちゃんとごあいさつした。
おかーさんは
ぜんぜんわかってない

 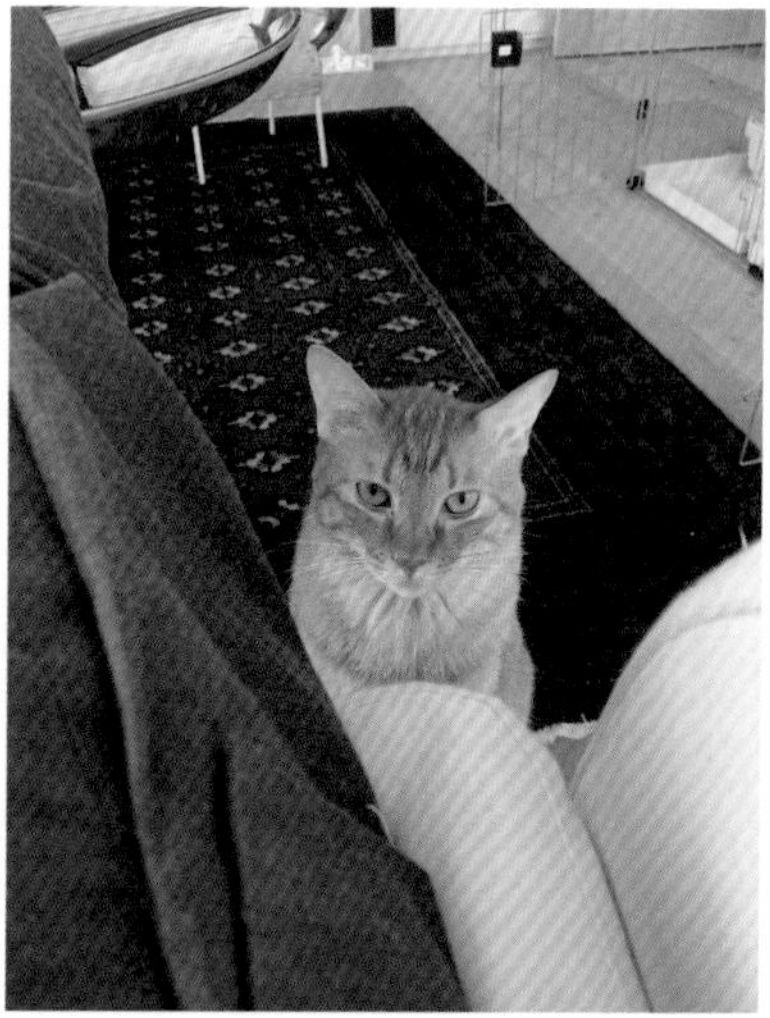

おかーさんは
ぼくのそんざいを
しってるのに
無視してるっぽい
無視してるのをぼくがしってる
うえでさらに
むししてるっぽい
ぼくの様子をうかがってるっぽい
たびちゃんはにじゅうあごっぽいし
はっちはかおがまんまるっぽい
ばびぶーはたぶん
いたちっぽいし
ぽい、ってさいごに付けるのが
ぼくのなかの
ブームっぽい

ついしん　みっちゃんは、
えびふらいぽい

2020/9/15 ユ

さいきんのはっち坊や。
いつも、この石の上に右手を置いて
考え事をしている。
何を考えているのだ。

ばびぶーが
おかーさんの大事にしている
木のおさらに入っている。
このかおは
たぶん
じぶんのものだとおもってしまっている。
甘やかしてそだてるから
こんなことになりました。
おかーさんのせいです。
ぼくは、知りません

2020/9/18 ユ

あまりに美しくて
移りゆく空から
目が離せませんでした。
空が高くなりましたね。
秋です。美しい季節。

2020/9/20 ハ

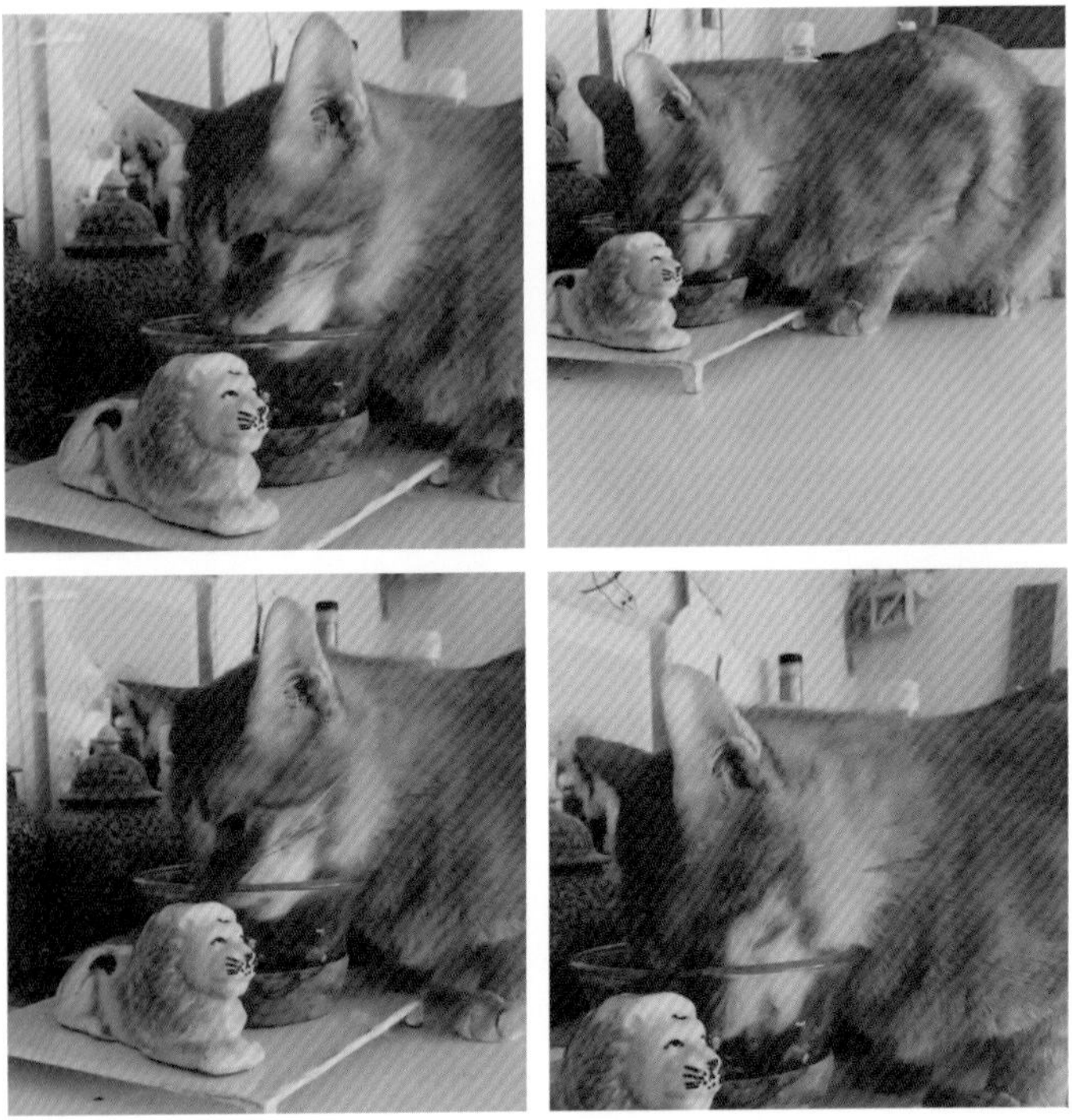

へいじょうしん。
ぼくはしずかに
カリカリをたべる。
せいじゃくのなか
こころしずかに
カリカリをたべる。
きこえるのは波の音
ちゅーるのざわめき
あきのけはい
らいおんだけに
与えられた
らいおんのお人形は
ぼくをうっとりと
みつめている

2020/9/26 ハ

あめのどようび
おかーさんは
しゅくだいでいそがしい。
ぼくは
ばびぶーをねかしつけたあと、
ひとりしずかに

じぶんのじかんへもどる。
らいおんになったおいわいに
かってもらった
とらねこのおにんぎょうが
ガラスとびらの中から
ぼくにエールをおくっている

2020/9/27 ユ

ばびぶー
ばびぶーはいいね
いつも、たびにーちゃんが
ばびぶーを守ってくれているよ。
なんでもないまいにちが
いつだっていちばん
しあわせなんだよ。

いつかのハニオ。
お客さんが来ていて
ずっと寝室に隠れていたのだが
何時間も経って
痺れを切らしてじわじわリビングに来ようとしている。
大丈夫だよ　なにも怖くないからこっちにおいで！

話は飛ぶが
SNSは
同じレベルで横につながっていく
便利さと可能性の裏に
人の心の暗闇を覗き込むような瞬間があり、
なんともいえない
変な気持ちになる。
誰もに好かれようなんて
思わないけれど
とんでもなくわたしのことを
嫌いな人もいる。
いや、いいんですけど…
会ったことない人。
会ったことあるのかな。
いや、嫌われてもいいんですよ。
わたしだって全員のことが
好きなわけじゃない。

2020/9/29 ハ

おかーさんは
ほんをよんでる
おかーさんは
ごごのこうちゃをのんでる
おかーさんは
こーひーはだけど
ごごのこうちゃはわりとすきだ
ぼくはおかーさんが
さぼらないように
みはっている
おかーさんはすぐにさぼるからだ。さぼっているのを
3回みましたから

おかえり雪!!
ばびぶーが大きくなっていて
ものすごく喜んでいる雪です。
ばびぶー…まさか忘れているのか…
半分怖がりながら、でも
尻尾を立ててこちらに歩いてきます。

2020/10/3 ハ

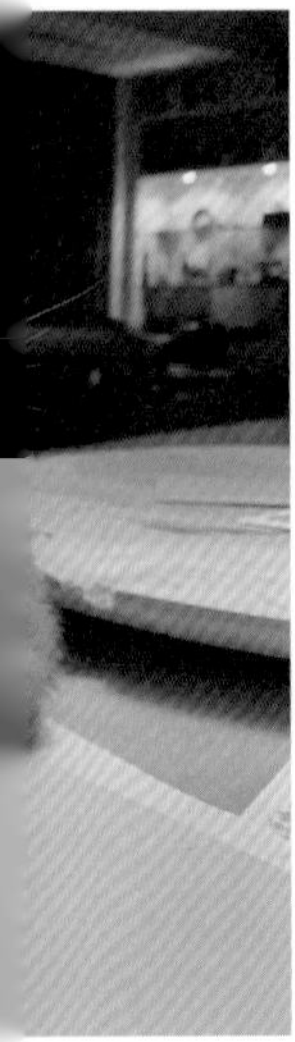

うちのかぞくのなかに
きょうたんじょうびのひとが
いるときいて
ばびぶーだとおもったけど
ちがうということが
かくじつになりました。
はちみつきょうだいは
こどものひ生まれ。
ゆきちゃんは
はちがつうまれ。
おかーさんは
ぼくといっしょでまだ
二歳だから、ちがう。

もしかして
じゃあ、ぜったい、
あのぼうしをかぶってる
ますくしてるこ?
たぶんそうだとおもいました
(おかーさん注　ハニオは四歳です)

2020/10/4 ばび

ぼくのいえに
あたらしいこがきた。
おおきくて
ぼくをみてよろこぶこ。
あいさつもないまま
ちかよってきたから
しぇい！とほえたら
しゅんとしたから
ぼくがえらい。
あたらしいこ、
ぼくがきょういくしようかと
おもっている。

2020/10/4 ユ

ちなみにこれが
ばびぶーの言っている
しぇい！です…。

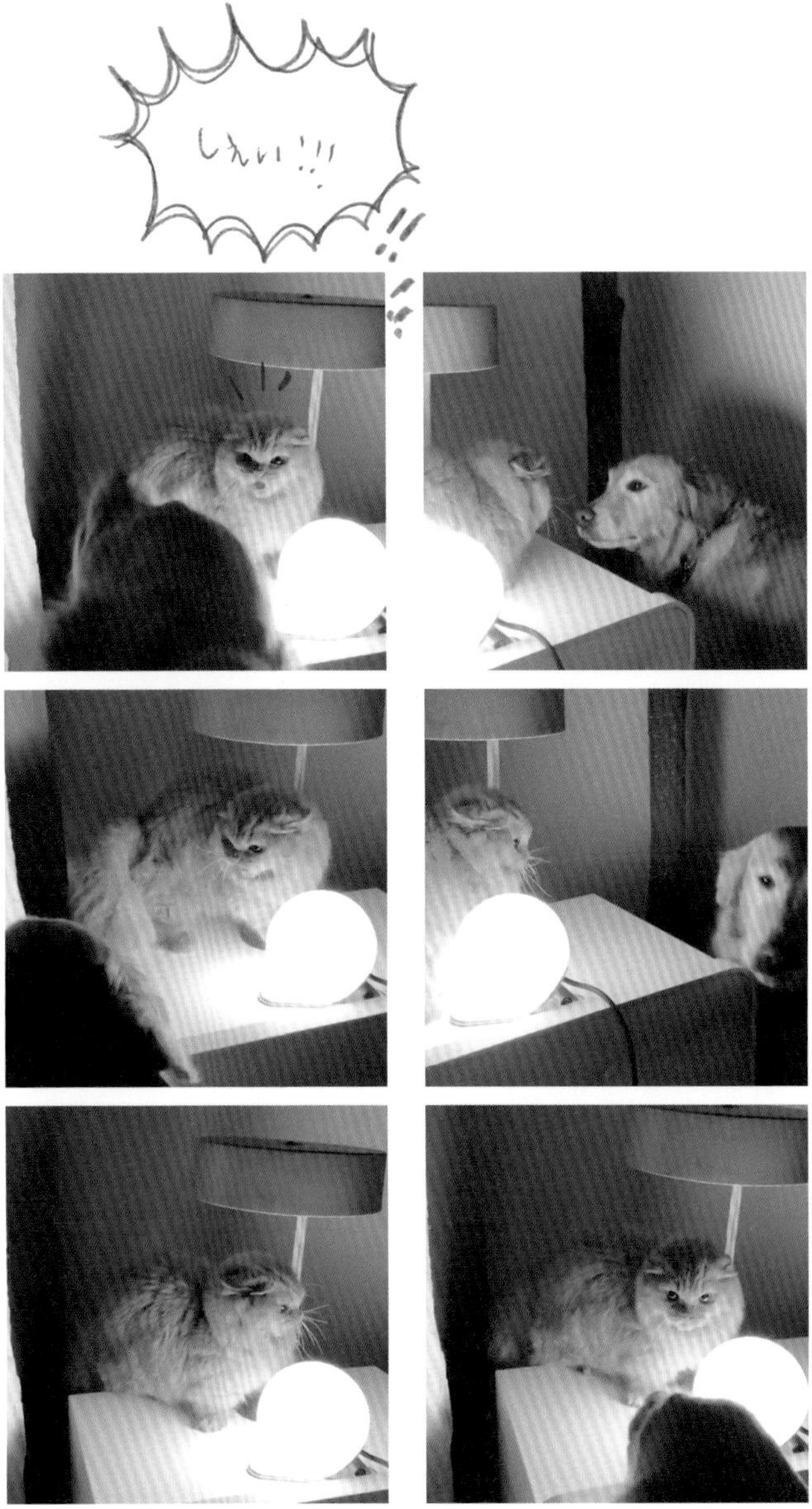

2020/10/6 ばび

ぼくは
あたらしいこなんか
ぜんぜんこわくない
あたらしいこは
ぼくよりよわい
ほえないし
おこらない
ぼくはつよい
おうさまだからだ。

おかーさんのまくらにのっています。
まくらにものれるし、
おふとんのなかに入ってもいいと言われてます。
おなかのにおいだってかがせてます。
ばびぶーより
ぼくがかわいがられてます。
さっきだって
ここにいたら
「あっ、おかーさんのだいすきなこがいる」と
いわれました

おはようございます。
東京14度。
なんて寒い朝。
セーター着れるぞ！
コートも着れる寒さ。
みなさん風邪をひきませんように！

ぽぬのなまえは
ばびぶー・いしだ
とてもきにいっています。
つよくてさわやか、
いこくのかおり。
かろやかでおりこうさんな
ふんいきもします。
はにおちゃんのなまえも
かわいいとおもってます。
たびちゃんとゆきちゃんは
にもじしかなくて
かわいそうです。

2020/10/9 ユ

おはようございます。
今日も寒いです。
寒い朝を
ぬくぬくと過ごす時
幸せを感じる。
きょうも良い日でありますように。

Pale Juteのオリジナルのカゴバッグ

ぽぬにいただいた
すてきなかごびっぐ
ゆきちゃんにとられました
ぽぬの
かごびっぐなので
いまからしぇい！を
するところです。

2020/10/15 ユ

1日のなかでどの時間が一番好きかと聞かれたら
わたしは朝と答える。
しかも、夜明け前から、
午前9時くらいまでの間の朝。
しんと静まった薄紫の空に
少しずつピンク色が混ざっていく空を見ている時が至福です。
その時間にわたしは、
その日いちにちに使う
パワーをチャージしてる気が
するのです。
東京は曇り空と小雨。
涼しい。秋はいいなぁ。

2020/10/21 ばび

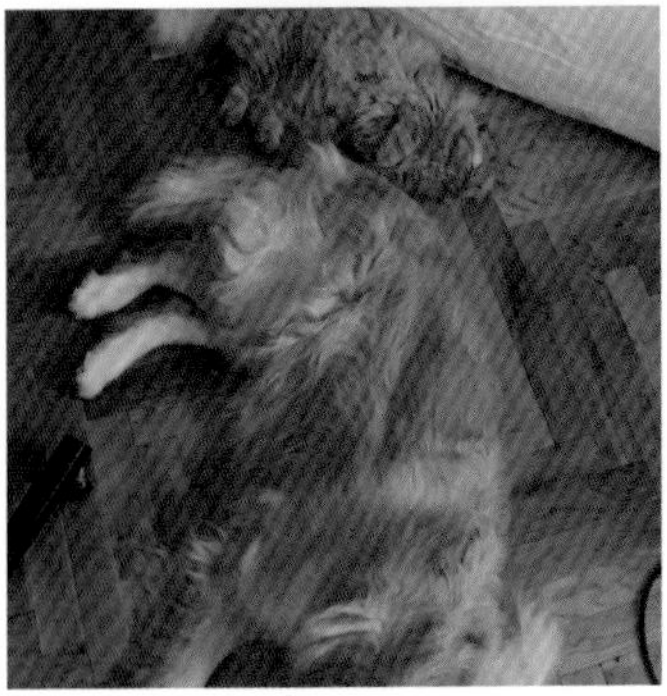

ゆきちゃんはおおきい。
でも
あたらしくきたこだから
いつだってぽぬが
いろんなことをおしえてあげている。
ゆかのうえでねるときは
こうやってよこになって
10ばびまで
かぞえるとしゅーっとねむります。
1ばび
2ばび
さんばび、よんばび
ごばび
ろく…。

おはよう。
寒い朝。でもわたしの体には
ずっしりとした
ふわふわであたたかいものが
のしかかっている。
その隣には
猫バス。
さて
今日もがんばるぞ、と。

撮影　タマティーノ。
やたら写真がうまい
ヘアメイク岡野瑞恵《たまえ》ちゃん。
いつも綺麗にしてくれて
すてきな写真を撮ってくれてありがとう。

2020/10/26 ユ

はちみつ兄弟。
このふたり、なんかおかしい
猫プロレスが始まると
わたしはいつも
にやにやしながら見守っています。
今日は
みっつの勝ちかな
BGMはキースジャレット。

2020/10/26 ユ

乗っているのは玄米の米びつ。

2020/10/30 ユ

今朝のばびぶー。
もっふもふ。
もっふもふ。
体型は猫バスもしくは
ティッシュケース型。

おはようございます。
今朝起きて
最初に見た光景。
たびにーちゃんに
べろべろされている
ばびぶー。

2020/11/1 ハ

さっきおきたんですけど、
さいしょぼくは
はちみつ山でした。
ぬっくぬく
ぬっくぬくで
しあわせでした。
でもほどなくして
ばびぶーがぼくの上に
のってることがわかり
ゆきちゃんまで
ちかよってきて
ぼくを山から追い出しました。
ふにおちません。
おかーさんはもっと
ばびぶーに
きびしくするべきです。
ゆきちゃんにもです。
いくらこころがつよくても
まいにちへりーずなんですから

ぽぬです。
ぽぬのしたには
はにおちゃんがいるとおもうけど
なんとなくぺちゃんこだから
いないかもです。
このいえの
つよいこちゃんぴよんせんきょは
ぽぬがかつ。
きよきいっぴょうを
おねがいします。

2020/11/4 ハ

こころのみだれは
毛のみだれ
こころがみだれて
ぼくのじまんのたてがみが
ぱっくりわれました。
こころをおちつけて、
あめりかの
せんきょを
みまもっています

2020/11/4 ばび

つよいこちゃんぴよんに
なれませんでした。
ちゃんぴよんは
たびちゃんになりました。
りゆうは
しんらいとじっせき、だそうです。
やさしいこにならなかったら
つよいこにもなれないと
おかーさんがいいました。
きょうからやさしく
はにおちゃんの上にのります。

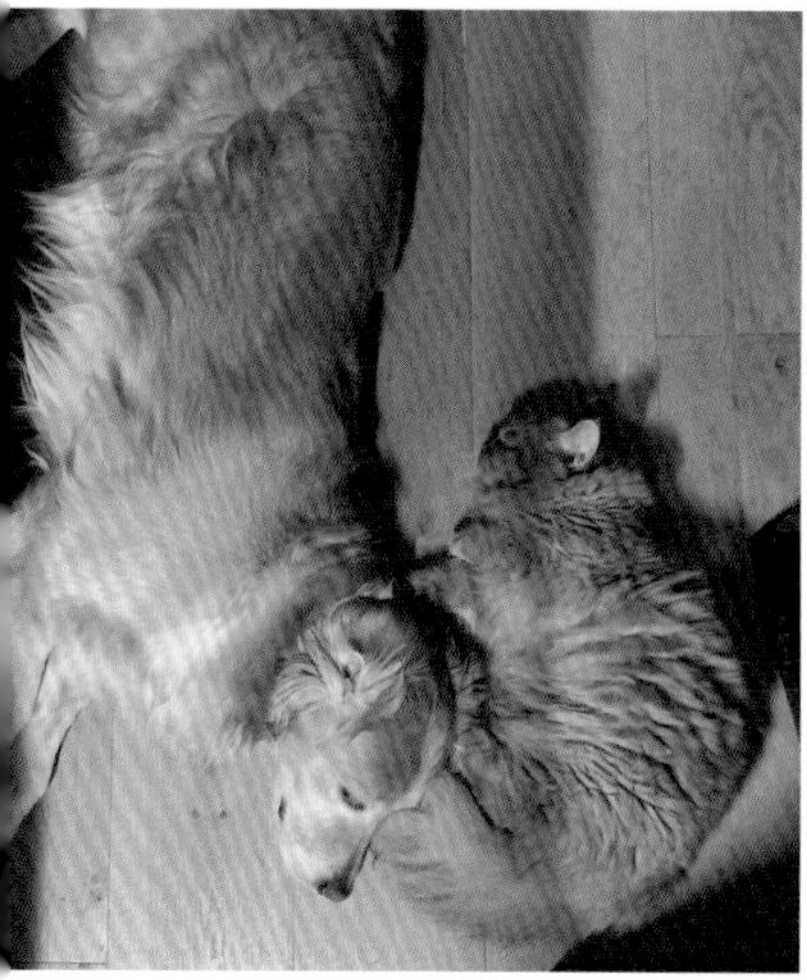

らいおんのこどもが
このオレンジの箱の中に
いる。
たすけてあげなければ
ぼくはらいおんだから
すてきにかっこよく
みんなのために
たすけだす。
でも見たら、たくさんいたからちょっと考えてから
助けることにしました

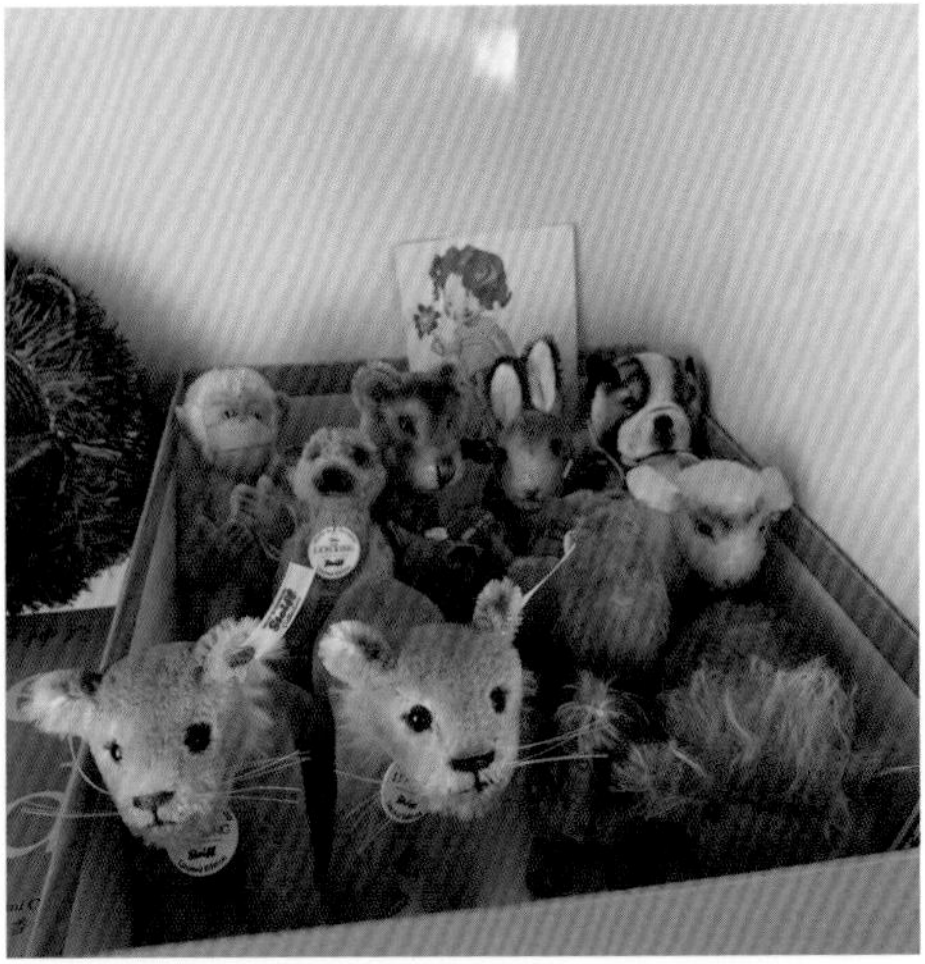

ゆきちゃんは
やさしくてつよくて、
みんなが応援しているこだ。
でも
ときどきこうやって
じぶんのおもちゃを
くびにかけて、
いつでも遊べるように
じゅんびもしています。
いわば
ぬけめないこ、でもあるのです。
見習いたいです

視線をかんじる
ふとみると、目があった。
ハニオ、わたしをいつも
こんなふうに見つめている。
ありがとうハニ坊
おかーさんはしあわせだよ。

おかーさんと目があった。
しゃしんもとられた。
べつにぼくは
みてませんけどというかおをして
めをそらした。
おかーさんのめんどうは
ぼくがみてあげないと
いけないから
ほんとに手がかかる

ぽぬは
けつくろいだってできてる。
いつもたびちゃんに
やってもらってるけど
たびちゃんも
いそがしいこなので
じぶんでできることは
やっている
しあげは
たびちゃんだけど
はにおちゃんでもいい。

今朝のロケの朝食に入っていた、可愛いゆりごろう王国の旗たち。
一気に眠気と疲れが飛びました。作ってくれたのは誰なんだろう。お弁当屋さん？
スタッフの皆さん？
とにかくありがとうございます。
明日もあるかな——。
マッシュのもあるかな——。
と、密かに期待。

※マッシュはヘアメイク岡野瑞恵ちゃんの猫です

おかーさんに言われました。
なかよくするのは
おかーさんだけでいいのかと。
よくかんがえなさいと言われました。
はちみつ山のなにが
いけないのか
おふとんのなかで
あいさつしてるし
こころのなかで
おはなしもしてますのに

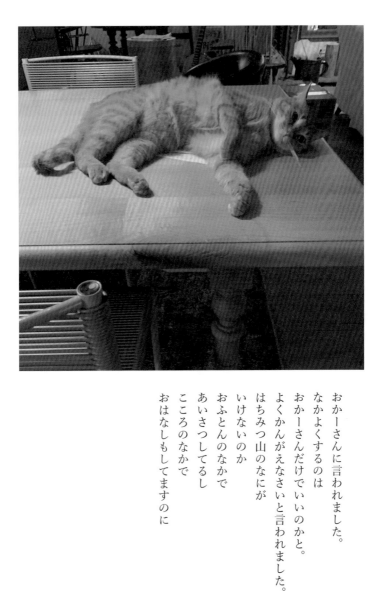

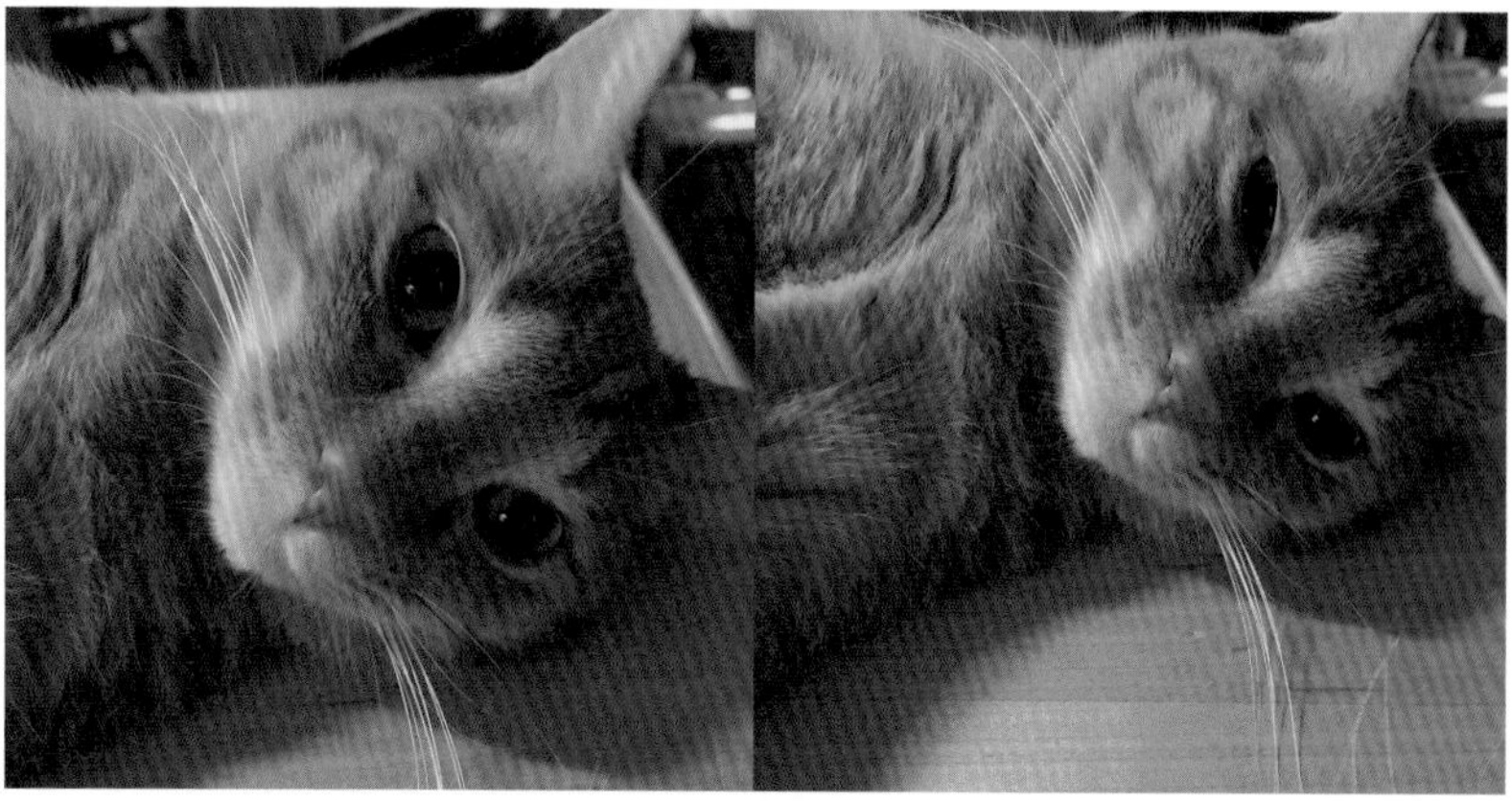

こころかがやくとき
それはひらめき
おかーさんは
ぼくに
しゃこうせいを期待している。
こころみだれて
こころにこがらし

新木場CASICAで開催されている
石井佳苗さんのイベント
Daily Life2020 にて

井藤昌志さんのタオルラック

みっつぼうや。
ゆりごろう王国の
一匹オオカミ。
眠る時はかならず
みんなと離れてひとり、
ひっそりと眠る。
すきなことばは
「ちゅーる」と
「みみくんかわいいね」。
すきなものは
箱
だれよりもすばやく
だれよりもかっこよく
箱に収まる男。

まるいものをみていると
心がまあるくなりますよ
まあるいものをみていると
こころにしあわせやってくる
みぎから
ぽぬ
らいと
手前に携帯充電器
いや、ちがう
ひだりから
ぽぬ
らいと
手前は
携帯充電器。

2020/11/23 ハ

ぼくの記憶が正しければ
かみさまがまた、きている
いつもはしろいぬのなのに
きょうは茶色で
しかもなんとなく
ざつにまかれている。
かみさまにも
きっと
きぶん、ってのがあるんだと
思っています

2020/11/24 みつ

おれはみっつ
さいきんは
みみくんと呼ばれている。
箱にはいろんな
入り方がある。
ポイントは
いつもへりに片手をかけることだ。
おとこのあいしゅう
かんじてくれ。

2020/11/27 ハ

こころみだれています。
きのう
おかーさんのおしごとのおきゃくさまがきて
りびんぐでなんか
はなしあいをしてて
ぼくのしらないうちに、
みんな
ちゅーるをもらっていたことが
わかりました。
しかもたくさん、しゃしんもとってもらってました。
はにぼうおいで、って
よぶこえは聞こえてたけど
こころのなかでへんじをしました。
こころにこがらし
ふいてます

2020 winter

荻原美里さんの個展にてアンジェラと

2020/12/1 ハ

きょうがくしています。
リビングに
あたらしいこがきていました。
あたらしいこなのに
あいさつもなく、
どうどうと寝ています。
おやつをすこしあげたら
帰ってもらいたいです

きのうのよるの写真です
おかーさんが言いました.
もうねますよ、と。
ぼくはすぐに
ベッドにとびのった。
そしたら雪ちゃんが
ぼくのまねしてとびのってきた。
そんなにちかくに
こないでほしいのに
おかーさんは注意をしない。
ぼくとふたりで
ねるやくそくなのに。
それから
もんくがおおいと思われたくないけど
らいとがまぶしいです

2020/12/5 ユ

ただいま。
今日はとっても寒かったよ。
お留守番ありがとう。
ぬくぬくしよう。
あったかいもの食べよう。
雪の写真を額装してくださったのは
オルネドフォイユの谷さん
ありがとうございます
嬉しいです。

2020/12/6 ハ

じゅうたんのうえで
ねています。
きこえるのは
しろねこのこえと
ふゆのあしおと
ささみのふんいき
ちゅーるのささやき。
ひとりひとりのこころに
ちゅーるのともしびを

2020/12/7 ユ

ふりかえればばびぶー。
さて、寝ますよ。
寝ますよ～みんな
おやすみなさい。

お誘い。
いろんなお誘いがあるけれど
このひとからの
遊びましょう、というお誘いは
じゃあちょっとだけねと
すぐに受けてしまうワタクシなのです。
いつかこの世を去るときに
思い出すのは
こんな光景なんじゃないかと
思うような
幸せの風景。

2020/12/9

昨日の夜の写真。
ばびぶーの
パペット感。
人形感をお楽しみください。

またもや昨日の写真。
ゆりごろう
ぶちこにも会っていた。
私のことが嫌いなぶちこ。
しかし
当然ながら
ゆりごろう気にしない。

2020/12/15 ユ

寒い朝です。
ぴーんと澄んだ空気と
黄色の銀杏。
雪の笑顔。
寒くても
眠くても
朝の時間は特別です。

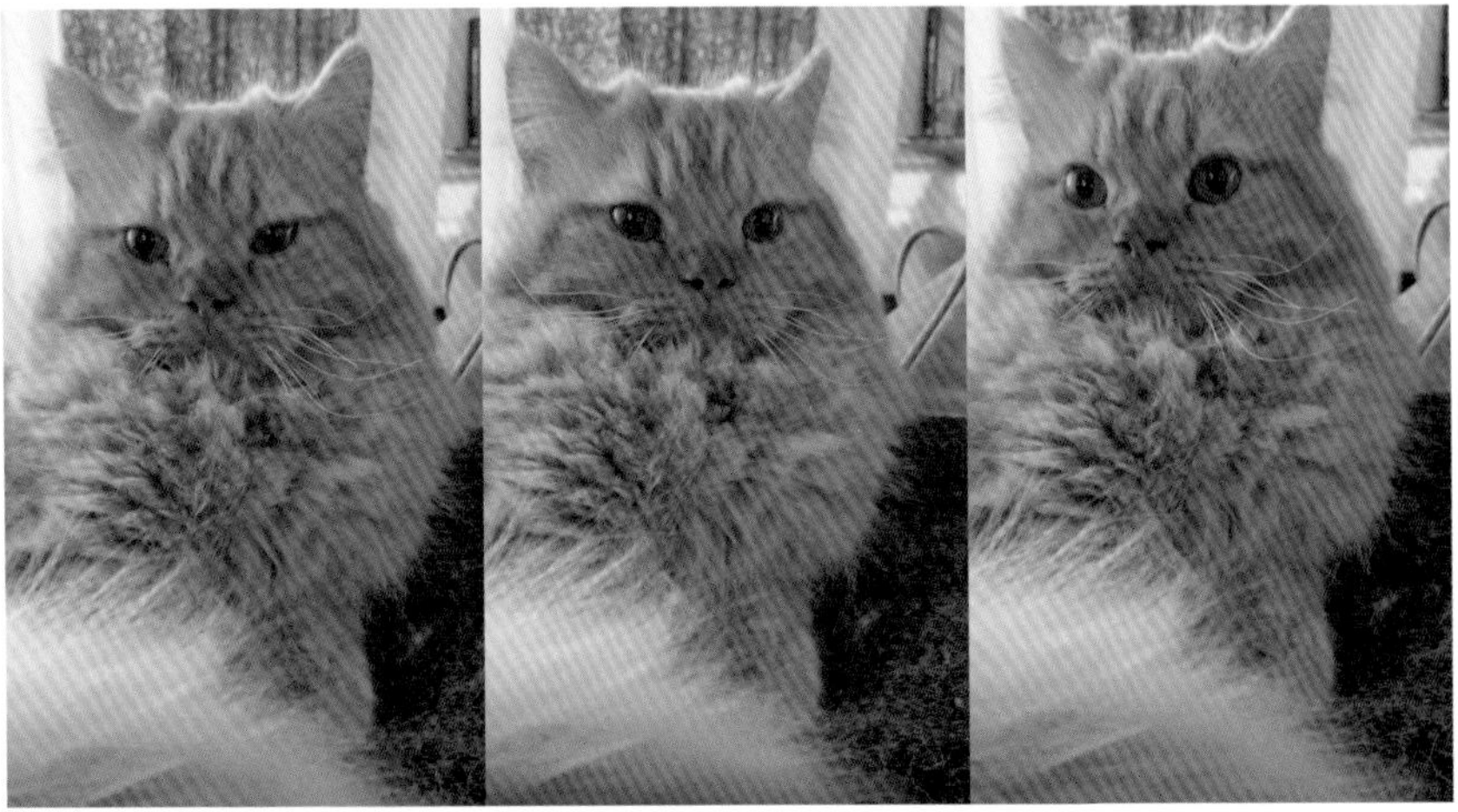

ばびぶーと話しました。
今後の名前について。

2020/12/17 ばび

ぽぬのなまえアンケート
いち　ぽぬ
に　ばびぶー
さん　ばんび
よん　ぽぬ・いしだ
ご　ばびぶー・ばんび・いしだ
ろく　ぽぬ・ばんび
なな　ぴっころぽぬ
はち　もよもよ

2020/12/19 ハ

さむいあさ
のびるらいおんをみて
こころはれやかに。
おかーさんは
ごきんじょをあるく
ぱんだもようの
ねこをまどからみている。
ぱんだもようのこは
ゆうゆうとじゆうだけど
おやつも多めにもらってる
ようにみえます。
ぼくは
おやつはすくなめだけど
このいえのこで、いいです。
あと
ばびぶーのなまえですけど、
やっぱり
ばんび、が本名で
ばびぶー・いしだ
があとにつくかんじになりました。
ふつうのなまえです

2020/12/20 ハ

せーたーはじめました。
りゅうは
さむいからです。
さいしょは
ばびぶーが着てました。
でも
足が短くて
ぬげてしまいました。
つぎに
たびちゃんが着ました。
でぶなので
ぱちんぱちんになりました。
そのあと
ぼくが着ましたら
しっくりきています。
にねんまえに
おかーさんが
ニューヨークで買ってきたやつです。
一枚しかないので
みんなで着ています

追記　わりと喜んで着てましたが
なにかに引っかかるのが怖いので
すぐ脱がしました。
byおかーさん

2020/12/24 ハ

こころの乱れは
毛のみだれ

せけんではくりすますなのに
ぼくには
とくべつなおやつすら
ありません。
へいへいぼんぼんな
まいにちがすぎてゆきます。
おかーさんだけ
おでかけしておいしいものを
いただいているようです。
こころみだれています

2020/12/24 ユ

イオちゃんありがとう。

居心地の良い
幸せな空間で
美味しいものをいただく。
これって人生の至福。
猫沢エミさんありがとう。

2020東京。クリスマスイブイブの夜景。
この景色をじっと見ていたら
魔女の宅急便のキキが
よし、今夜飛び立とう、と決めるシーンを思い出した。

出張料理人 岸本恵理子さんのお料理。

2020/12/28 ユ

なんという一年だったのだろう。悲しみと涙、疲れと緊張、不安。でも、それでも人は
いきていく。

雪、笑ってます。
いつもありがとう雪。
そばにいてくれて
ありがとう。
いつもいつもそう思っているよ。

眠るばびぶー
きのう、ばびぶーに
マイクロチップをいれた。
名前を登録するそうで
病院のおねえさんに
お名前どうしますか?と
小声で聞かれた。
え?ば、バンビでお願いします
と伝えたら
ニヤッと笑って
わかりました、と。
わたしがばびぶーとしか
呼ばないことを彼女は
知っているんだな。
ばびぶーの本名は
バンビです。
ばんび・ばびぶー・いしだ。
登録したので
もう変えられません。

2020/12/31 ユ

東京の大晦日。
キーンと冷えた朝。
寒いけれど
気温で見るほどは
寒くない気がします。
気のせい？
雪にまあるい光が差していた。
今日は一日
いろんなことを掃き清めよう。
いろいろありすぎたけど
さようなら2020
それでも
ありがとう2020。

On ne voit bien qu'avec le cœur.
L'essentiel est invisible pour les yeux.

Le Petit Prince　Antoine de Saint-Exupéry

心でしかよく見えないよ。大切なことは目には見えないんだ

～星の王子さま　アントワーヌ・ド・サンテグジュペリ～

2021/1/1 ユ

新年明けましておめでとうございます。
2021年。
心の目で物事をしっかりと
見ることを心がけたい。
今年もどうぞよろしく
お願いします。

2021/1/2 ハ

かぞくしゃしんに
ぼくがいなかったことを
ぼくだって残念に思っています。
でもあのときは、
こころのなかに
こがらしがふいて、
はにぼう、おふとんにおはいりよ、
っておふとんがぼくを
さそってきたんです。
おふとんのせいです

Ballet
TIM WALKER

はっち選手、好奇心が旺盛。
自己顕示欲も旺盛。
いまは、棚の上に載っている
ニューヨークからきた落ち葉を
捕まえようとしている。
踏ん張る足に注目。

2021/1/11 ユ

いつぞやの写真…

最近写真を撮らないので
少し前のものばかりになってしまいます。

本日は成人の日。
今年はこんな世の中で
たくさんの成人式がキャンセルされてしまっていますが
新成人の皆さんおめでとうございます。
どうか曇りない瞳と心で
この混沌とした世の中を
一緒に生きていきましょう。
わたしはあなたがたの
お母さんより年上かもしれないけど
わたしはいつも若い人たちの力と才能を尊敬しているし
素晴らしい力をたくさん貰って生きています。

まあ、年齢なんて
大人になったらあまり関係ないのですけどね。
どうか
自分を信じて
自分を諦めず
みんなそれぞれ自分を育てて
いきましょう。
頑張りましょう。みんなで。
本当におめでとうございます。

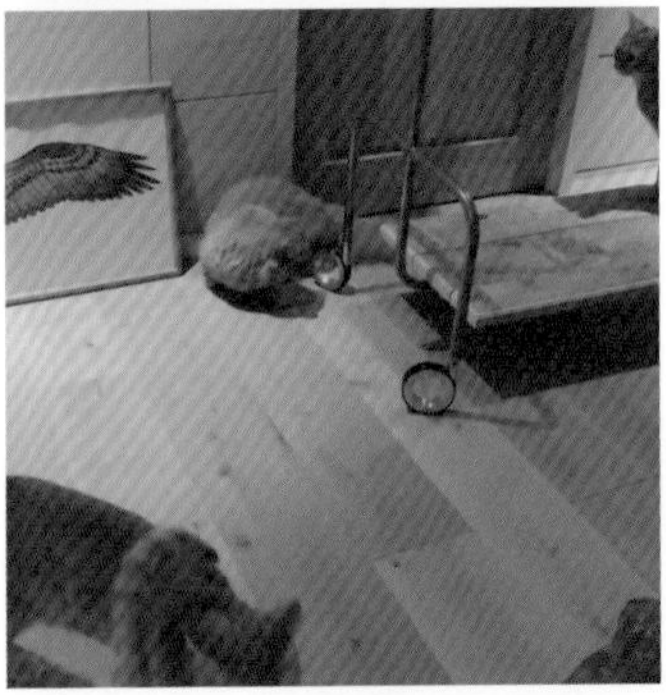

夜な夜なクローゼットの整理をしています。
ラックで遊ぶひとたち。
雪も乗りたそうです…
東京も午後からは雪が降るもよう。
豪雪地の皆さんのことを思えば
この寒さなんて、きっと甘いものです。
足元に気をつけて歩きましょう。

2021/1/15 ユ

絶対にどかない意思を感じる雪と
ラグにへばりついて
離れないばびぶー。
ピースフルなのに
子供っぽくはならず、
心の奥に幸せな気持ちが集まってくる。
ミナペルホネンのテキスタイルの魅力が、このラグにも
宿っております。

去年の秋頃の写真。
どことなく
ノスタルジーを感じる。
わたしが子供だった頃
世界はこんなふうに
なんとなく
優しい空気の粒に包まれていた気がする。
でもきっといまも
あの空気の粒は
わたしの周りにあるはず。

2021/1/19 ユ

ふと横を見たら
こんな、ふくふくまっしろで
きちんと揃えた足、そしてきちんと乗せたしっぽ。
信頼と実績のあのかたが
今日も横でわたしを見ている。

2021/1/20 ユ

たびがボロボロにしている
（現在進行形）わたしの大切な
白いソファは
スザンナという素敵な名前が
ついている。
おぉスザンナ…
ボロボロにしてごめんなさい。
でも、スザンナあなたは
いつでも可愛くて清楚。
カバーを新調して
猫たちが悪戯できないところに
移動するからね…
雪も大好きな
スザンナ。

トトロ感。
ジブリ感。
ヒバの巨木のテーブルが
我が家にやってきた。
はしゃがずには
いられない…
樹齢にしてざっと
350年から400年くらいらしいです。神様が宿っているとしか
思えないです。
ようこそ我が家へ。

Cul de Sac のヒバの巨木テーブル

ヒバの巨木テーブルは
4分割になっているのです。
バラにしてコーナーに置いたり
壁につけたり、
椅子にもなる。
表面はあえてツルツルに
磨き上げられています。
まるで大理石のような
感じ。

2021/1/25 ハ

らいおん
それはゆめ
らいおん
それはまぼろし
ぼくは猫としてうまれ
らいおんになりました。
いっしょにうまれたという
うわさのたびちゃんは
しろねこになりました。
けさ
めざめたら
ぼくのごはんいれのよこに
新しいらいおんのこが来ていました。
先輩としてすてきなところを
おみせしたい

2021/1/29 ユ

午前中は
オンラインで英語のレッスン
ふっと横を見たら
こんなひとが、大皿の中でのびていた。
猫がひだまりの中
気持ちよさそうに眠っている
風景は
わたしにとってたぶん
幸せの象徴です。

2021/1/31 ユ

何でもない日の
なんでもない小さな記録。
なんでもないことが宝物です。
みんな、本当に
いつもありがとう。
そばにいてくれてありがとう。
うちの子になってくれてありがとう。
わたしのことを好きでいてくれて
ありがとう。
さて、
きょう私は湯豆腐を食べます。

2021/2/2 ユ

撮影　うちの妹。

あとがき

２０１６年の秋から２０２１年の春先までの日々を
まとめたら、こんなに長くなってしまい我ながらびっくりしています。

五年の月日を振り返ってみると
あんなことやこんなこと…忘れかけていたことも含めて
まるで昨日のことのように私の心に押し寄せてきて
胸がいっぱいになる瞬間がたくさんありました。

写真は撮っておくものですね。
そして文章は書いておくものです。

ハニオ日記は、インスタグラムを始めた当初から
当時まだ仔猫だったハニオの表情があまりにも豊かで面白かったので

ハッシュタグをつけて連載化していたシリーズです。
SNSに全く長けていなかった私ですが、写真を撮ることと文章を書くこと、
日々のなんでもないことを記録することが好きだったので
まるで息をするように、今に至るまで続けております。

神様は小さなところに宿ると言います。
私はこの言葉が大好きで、何かあるたびに
心の中で呟きます。
私の人生を、自分がこの世を去るときに振り返った時
思い出すのは多分、私と生活を共にしてくれた彼らの温もりや、体の重さ、
ひだまりのお布団のような匂いのお腹。
部屋を歩く時のカチカチ、という爪の音。
私が帰ってきただけで大喜びしてくれる、あの尻尾。

朝起きて、自分の身支度よりも何よりも先にすることは

動物たちのご飯とトイレの世話であり、仕事で家を出る前にしつこくしつこく
確認することは、窓がちゃんとしまっているか、(猫たちが落下することを常に案じているので)
お風呂の栓をちゃんと抜いたか(猫が湯船に落ちることを常に恐れているので)
紙袋の持ち手を切ったかどうか(猫の首が引っかかりパニックになって走り回るととても危険なので)
人間の食べ物を出しっぱなしにしていないか、
誤飲するものを出しっぱなしにしていないか。
そんなことばかり私は考えて生活しています。
出かけた後に思い出して、不安になり、家にトンボ帰りすることも度々あります。
マネージャーに鍵を渡して、「お願い、お風呂の栓が抜いてあるか見てきて!」と
頼んだこともある(嫌な顔ひとつせず行ってくれるマネージャーに感謝)。

自分のことももちろん大切だけど私にとっては彼らの健康が何より大切。
私と一緒に暮らすことを選んでくれた(選ばせた)わけなので
私ができることは彼らの一生のどこを切り取っても幸せだったと思ってもらえるように
日々努力すること。

とはいえ、完璧な人間がいないように、完璧な飼い主も実はいなくて
私の日々は彼らにおんぶにだっこ、でもある。弱った心や疲れた体をいつも変わらず癒してくれる
彼らは私にとっては神様のような存在でもあるのです。

生後一週間から私と一緒に暮らすハニオとタビ。
16年間私と共に暮らし、私の腕の中で旅立ったビスク。
生後2ヶ月と少しで仲間入りしたはちみつ兄弟。
たった三日間、日々を共にして天国に行ってしまったバブちゃん。
バブちゃんの生まれ変わりのように彗星の如く現れたバンビ。
そして、小さきものが大好きで、楽しいことが大好きな心優しい雪。

振り返ると、この5年間の日々の積み重ねの記録は
私の中で血となり肉となり、勇気となり優しさとなり
そしてグルグル回って幸せになる。
そんな気持ちです。

この本を手に取ってくださり、読んでくださり
心よりありがとうございました。
パラパラとめくって少しでも楽しんでもらえたらそれだけで幸せです。

そして、この本を作るにあたって日々、私と共に奮闘した
扶桑社の小林孝延さんと、
きっと誰よりも大変だったデザイナーの黒田益朗さんに
心からの感謝を捧げます。

最後になりましたが、
この本の印税は全て、日本中の、保護犬と保護猫たちのために
使うことをここに誓います。
そのことが私にとって、この本を作る一番の動機でした。

私と彼らの日々が、保護犬、保護猫のみんなを少しでも支えるのであれば
そんなに幸せなことはありません。

日々は続いていきます。明日も、明後日も、そのあとも。
なんでもない日常が
ずっとずっと、続きますように。

感謝をこめて。

２０２１年　満開の桜に雨が降りしきる夜中　自室にて　石田ゆり子

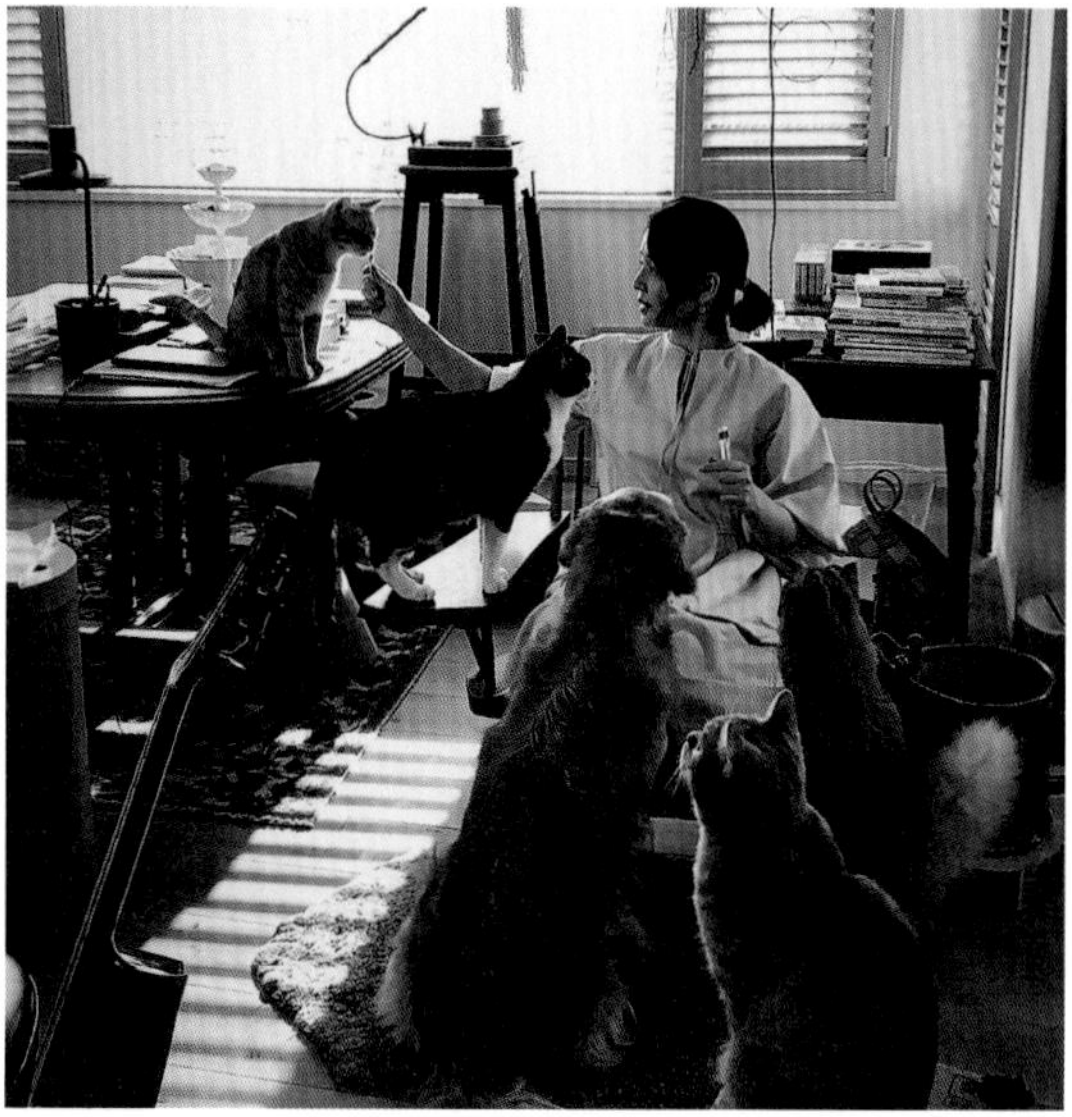

石田ゆり子
1969年10月3日生まれ。東京出身。女優。

デザイン　黒田益朗（kuroda design）
マネジメント　高間淑子（風鈴舎）

ハニオ日記 III 2019-2021

発行日　2021年5月31日　初版第1刷発行
　　　　2021年6月20日　　　第3刷発行

著　者　石田ゆり子
発行者　久保田榮一
発行所　株式会社扶桑社
〒105-8070　東京都港区芝浦1-1-1浜松町ビルディング
電話　03-6368-8873（編集部）　03-6368-8891（郵便室）
www.fusosha.co.jp

製本・印刷　図書印刷株式会社

Printed in Japan　ISBN978-4-594-08790-6